关注2014

民生热点面对面

张百新◎主编

新 华 出 版 社

图书在版编目（CIP）数据

关注 2014：民生热点面对面/张百新主编
北京：新华出版社，2014.3
ISBN 978－7－5166－0918－7
Ⅰ.①关…　Ⅱ.①张…　Ⅲ.①社会问题—研究—中国　Ⅳ.①D669
中国版本图书馆 CIP 数据核字（2014）第 044205 号

关注 2014：民生热点面对面
主　　编：张百新

出 版 人：张百新　　**封面设计：**田献枝
责任编辑：赵怀志　　**责任印制：**廖成华

出版发行：新华出版社
地　　址：北京石景山区京原路 8 号　　**邮　　编：**100040
网　　址：http：//www.xinhuapub.com　http：//press.xinhuanet.com
经　　销：新华书店
购书热线：010－63077122　　**中国新闻书店购书热线：**010－63072012

照　　排：新华出版社照排中心
印　　刷：河北高碑店市鑫宏源印刷包装有限责任公司

成品尺寸：170mm×240mm　　**印　　数：**1—5000 册
印　　张：16　　**字　　数：**150 千字
版　　次：2014 年 3 月第一版　　**印　　次：**2014 年 3 月第一次印刷

书　　号：ISBN 978-7-5166-0918-7
定　　价：29.00 元

图书如有印装问题，请与出版社联系调换：010－63077101

出版说明

为深入回答当前广大干部群众普遍关注的民生热点问题，我们在认真调研的基础上，围绕大气污染防治、户籍制度改革、转基因食品安全、住房保障、城市交通管理、择校难题、收入分配制度改革等民生热点，精选新华社播发的系列相关稿件，再编辑深加工，策划出版了《关注 2014：民生热点面对面》这本通俗理论读物。该书密切联系经济社会发展实际，解释疑惑，既提出问题、分析原因，又呈现解决问题的办法和途径，对 2014 年民生热点进行了深入浅出的解读，观点准确、文风朴实，图文并茂，可读性强，适合广大干部群众参阅。

目　录

1 蓝天白云何时不再是梦想
——解读大气污染防治行动计划

“病来如山倒，病去如抽丝”。大气污染问题是工业化、城市化过程中长期积累形成的，治理不可能一蹴而就，需要不断总结经验，改进治理方式，提高治理效果。在长期坚持中一步步推进，“治霾靠刮风”的尴尬终会成为历史。

国务院发布《大气污染防治行动计划》十条措施力促空气质量改善

为切实改善空气质量，国务院发布《大气污染防治行动计划》。这是当前和今后一个时期全国大气污染防治工作的行动指南。

党中央、国务院高度重视大气污染防治工作。新一届政府成立伊始，就将其作为改善民生的重要着力点，作为生态文明建设的具体行动，作为统筹稳增长、调结构、促改革，打造中国经济升级版的重要抓手，作出全面部署。行动计划在深入研

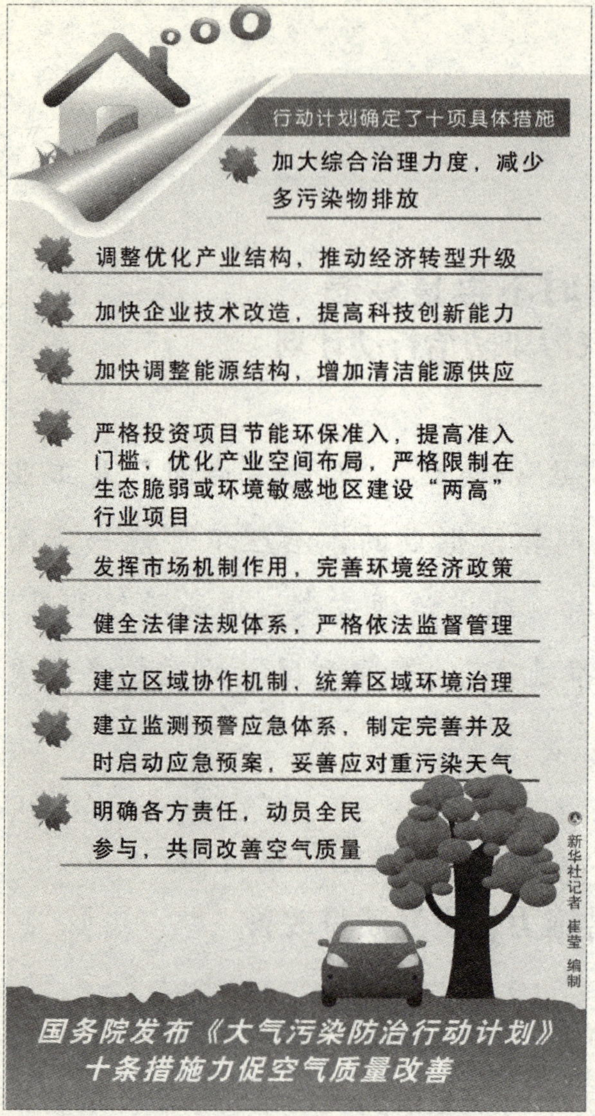

究、反复论证的基础上发布实施，体现了中央科学严谨、实事求是，对人民群众高度负责的态度和坚持以人为本、着力改善环境、保障公众健康权益的坚定决心。

我国大气污染问题是长期积累形成的。治理好大气污染任务重、难度大，必须付出长期艰苦的努力；必须坚持防治大气污染人人有责，在全社会树立“同呼吸、共奋斗”的行为准则；必须坚持在保护中发展、在发展中保护，实现环境效益、经济效益和社会效益多赢。

行动计划按照政府调控与市场调节相结合、全面推进与重点突破相配合、区域协作与属地管理相协调、总量减排与质量改善相同步的总体要求，提出要加快形成政府统领、企业施治、市场驱动、公众参与的大气污染防治新机制，本着“谁污染、谁负责，多排放、多负担，节能减排得收益、获补偿”的原则，实施分区域、分阶段治理。

> 出重拳强化污染防治。以雾霾频发的特大城市和区域为重点，以细颗粒物（PM2.5）和可吸入颗粒物（PM10）治理为突破口，抓住产业结构、能源效率、尾气排放和扬尘等关键环节，健全政府、企业、公众共同参与新机制，实行区域联防联控，深入实施大气污染防治行动计划。
>
> ——摘自《2014年政府工作报告》

行动计划提出，经过五年努力，使全国空气质量总体改善，重污染天气较大幅度减少；京津冀、长三角、珠三角等区域空气质量明显好转。力争再用五年或更长时间，逐步消除重污染天气，全国空气质量明显改善。具体指标是：到2017年，全国地级及以上城市可吸入颗粒物浓度比2012年下降10%以上，优良天数逐年提高；京津冀、长三角、珠三角等区域细颗粒物浓度分别下降25%、20%、15%左右，其中北京市细颗粒物年均浓度控制在60微克/立方米左右。

为实现以上目标，行动计划确定了十项具体措施：一是加大综合治理力度，减少多污染物排放。全面整治燃煤小锅炉，加快重点行业脱硫、脱硝、除尘改造工程建设。综合整治城市扬尘和餐饮油烟污染。加快淘汰黄标车和老旧车辆，大力发展公共交通，推广新能源汽车，加快提升燃油品质。二是调整优化产业结构，推动经济转型升级。严控高耗能、高排放行业新增产能，加快淘汰落后产能，坚决停建产能严重过剩行业违规在建项目。三是加快企业技术改造，提高科技创新能力。大力发展循环经济，培育壮大节能环保产业，促进重大环保技术装备、产品的创新开发与产业化应用。四是加快调整能源结构，增加清洁能源供应。到2017年，煤炭占能源消费总量比重降到65%以下。京津冀、长三角、珠三角等区域力争实现煤炭消费总量负增长。五是严格投资项目节能环保准入，提高准入门槛，优化产业空间布局，严格限制在生态脆弱或环境敏感地区建设“两高”行业项目。六是发挥市场机制作用，完善环境经济政策。中央财政设立专项资金，实施以奖代补政策。调整完善价格、税收等方面的政策，鼓励民间和社会资本进入大气污染防治领域。七是健全法律法规体系，严格依法监督管理。国家定期公布重点城市空气质量排名，建立重污染企业环境信息强制公开制度。提高环境监管能力，加大环保执法力度。八是建立区域协作机制，统筹区域环境治理。京津冀、长三角区域建立大气污染防治协作机制，国务院与各省级政府签订目标责任书，进行年度考核，严格责任追究。九是建立监测预警应急体系，制定完善并及时启动应急预案，妥善应对重污染天气。十是明确各方责任，动员全民参与，共同改善空气质量。

防治大气污染明确时间表路线图

——“数说”《大气污染防治行动计划》

防治大气污染，政府用心，百姓关心。如何控车？怎样控煤？何时远离PM2.5？何时可以呼吸到清洁空气、看到纯净蓝天？

透过《大气污染防治行动计划》中列举的一系列数字，人们看到了一张清晰的防治大气污染工作时间表和路线图。

关键词：控车

数字：2017 年底前全国供应"国五"油

解读：加快石油炼制企业升级改造，力争在 2013 年底前，全国供应符合国家第四阶段标准的车用汽油，在 2015 年底前，京津冀、长三角、珠三角等区域内重点城市全面供应符合国家第五阶段标准的车用汽、柴油，在 2017 年底前，全国供应符合国家第五阶段标准的车用汽、柴油。到 2015 年，淘汰 2005 年底前注册营运的黄标车，基本淘汰京津冀、长三角、珠三角等区域内的 500 万辆黄标车。到 2017 年，基本淘汰全国范围的黄标车。

关键词：淘汰落后产能

数字：提前一年完成 21 个重点行业落后产能淘汰

解读：采取经济、技术、法律和必要的行政手段，提前一年完成钢铁、水泥、电解铝、平板玻璃等21个重点行业的“十二五”落后产能淘汰任务。2015年再淘汰炼铁1500万吨、炼钢1500万吨、水泥（熟料及粉磨能力）1亿吨、平板玻璃2000万重量箱。对未按期完成淘汰任务的地区，严格控制国家安排的投资项目，暂停对该地区重点行业建设项目办理审批、核准和备案手续。2016年、2017年，各地区要制定范围更宽、标准更高的落后产能淘汰政策，再淘汰一批落后产能。

关键词：控煤

数字：2017年煤炭消费比重降至65%以下

解读：到2017年，煤炭占能源消费总量比重降低到65%以下。京津冀、长三角、珠三角等区域力争实现煤炭消费总量负增长。积极有序发展水电，开发利用地热能、风能、太阳能、生物质能，安全高效发展核电。到2017年，运行核电机组装机容量达到5000万千瓦，非化石能源消费比重提高到13%。到2017年，京津冀区域城市建成区、长

> **什么是PM2.5？**
>
> PM2.5即细颗粒物。细颗粒物又称细粒、细颗粒、PM2.5。细颗粒物指环境空气中空气动力学当量直径小于等于2.5微米的颗粒物，也称PM2.5、可入肺颗粒物。它能较长时间悬浮于空气中，其在空气中含量（浓度）越高，就代表空气污染越严重。虽然PM2.5只是地球大气成分中含量很少的组分，但它对空气质量和能见度等有重要的影响。与较粗的大气颗粒物相比，PM2.5粒径小，面积大，活性强，易附带有毒、有害物质（例如，重金属、微生物等），且在大气中的停留时间长、输送距离远，因而对人体健康和大气环境质量的影响更大。

三角城市群、珠三角区域基本完成燃煤锅炉、工业窑炉、自备燃煤电站的天然气替代改造任务。

关键词：PM2.5

数字：到 2015 年地级以上城市建成 PM2.5 监测点

解读：提高环境监管能力，到 2015 年，地级以上城市全部建成细颗粒物监测点和国家直管的监测点。加大环保执法力度，推进联合执法、区域执法、交叉执法等执法机制创新，明确重点，加大力度，严厉打击环境违法行为。对偷排偷放、屡查屡犯的违法企业，要依法停产关闭。对涉嫌环境犯罪的，要依法追究刑事责任。落实执法责任，对监督缺位、执法不力、徇私枉法等行为，监察机关要依法追究有关部门和人员的责任。

关键词：天气预警

数字：2015 年底前各省份建成天气监测预警系统

解读：环保部门加强与气象部门的合作，建立重污染天气监测预警体系。到 2014 年，京津冀、长三角、珠三角区域要完成区域、省、市级重污染天气监测预警系统建设；其他省（区、市）、副省级市、省会城市于 2015 年底前完成。做好重污染天气过程的趋势分析，完善会商研判机制，提高监测预警的准确度，及时发布监测预警信息。

昔日“雾都”的他山之石

在英国文豪狄更斯的笔下，伦敦弥漫着总也散不去的雾霭。如今走在伦敦街头，这些景象早已不见踪影。回看昔日“雾都”的治污过程，或对当下中国有所借鉴。

60多年前的英国，在享受制造业带来巨额财富的同时，城市上空逐渐被越来越浓的烟雾笼罩，直到大西洋的海风再也无法将烟雾吹散。1952年冬季，伦敦正值采暖季，连日无风导致粉尘不断累积，天空越发昏暗。但当时人们并未意识到这次雾霾与往常有何区别，更不知道他们正经历一场将载入史册的环境灾难。

在这一年12月初，伦敦的烟雾导致4天内四千余人死亡。此后两个月内，又有近八千人死于呼吸系统疾病。

痛定思痛，英国人的治污行动从立法开始。先是1956年出台的首部空气污染防治法——《清洁空气法》，规定冬季采取集中供暖，推广使用电力和天然气，并首次划定“烟尘控制区”，该区域内城镇禁止直接烧煤。

依据该法，伦敦的火电厂陆续关停或迁出城区，其中最有代表性的是巴特西发电站。这座曾是英国最大的发电站被认为是工业革命时期的象征，其鼎盛时期每周烧煤一万吨，每天消耗泰晤士河河水155万立方米。

立法和严格执法收到了效果。到1960年，伦敦的烟雾排放总量比 1952 年下降 37%，冬季日照时间增加 70%。虽然后来也出现过几次烟雾事件，但危害大幅降低。此后，英国又陆续颁布《控制公害法》《公共卫生法》《放射性物质法》等多部污染防治相关法律。

与城市大气污染问题关系最直接的就是燃料。依据英国政府计划，到 2020 年，英国将使可再生能源在能源供应中的比例达到 15%。

英国政府重视环境综合治理，其中产业转型是关键。目前，绿色经济产业已成为英国为数不多的经济增长领域。预计到 2015 年，其年增长率将超过 4%。

与其他国际大都市一样，老"雾都"面临的新问题就是交通排放。伦敦空气中 58%的氮氧化物，以及 68%的 PM10 污染物颗粒都来自汽车尾气排放。因此，1993 年英国进一步完善了《清洁空气法》，增加了关于机动车尾气排放的规定，要求所有新车都必须加装净化装置以减少氮氧化物排放。伦敦市政府还公布了更为严厉的《交通 2025》方案，限制私家车进入伦敦，计划在 20 年内减少私家车流量 9%，使废气排放降低 12%。

此外，英国政府还大力推广新能源汽车、公共交通和绿色交通。伦敦计划在 2015 年前建立 2.5 万套电动车充电装置。目前英国的电动汽车购买者可享受高额返利，免交汽车碳排放税，还可免费停车。

努力让“治霾靠刮风”成为历史

中科院一课题组研究发现北京 PM2.5 的六大重要来源，并揭示了不同季节、不同区域内的污染源分布情况和贡献率。这一研究成果为找出雾霾成因、加强治理提供了重要依据。

雾是天灾，霾是人祸，PM2.5 是雾霾天气的罪魁祸首。研究结果显示，北京 PM2.5 的六大来源中燃煤、工业污染和二次无机气溶胶占到近七成，这一研究成果虽然是基于 2010 年之前的抽样数据，但对了解北京地区的雾霾情况十分重要。

大气污染防治十大措施：

一是加大综合治理力度，减少多污染物排放。

二是调整优化产业结构，推动经济转型升级。

三是加快企业技术改造，提高科技创新能力。

四是加快调整能源结构，增加清洁能源供应。

五是严格投资项目节能环保准入，提高准入门槛，优化产业空间布局，严格限制在生态脆弱或环境敏感地区建设“两高”行业项目。

六是发挥市场机制作用，完善环境经济政策。中央财政设立专项资金，实施以奖代补政策。

七是健全法律法规体系，严格依法监督管理。

八是建立区域协作机制，统筹区域环境治理。

九是建立监测预警应急体系，制定完善并及时启动应急预案，妥善应对重污染天气。

十是明确各方责任，动员全民参与，共同改善空气质量。

饱受雾霾之苦的并非只有北京。数据显示，今年我国有 100 多个城市遭遇空气重度污染，安徽、浙江、江苏、上海等 13 地还创下雾霾天数的“历史纪录”。不同地区不同时期雾霾成因也不尽相同，需要有关部门和专家持续关注。

国务院发布了《大气污染防治行动计划》，提出改善空气质量的十条措施，多地也已打响了治理雾霾攻坚战。北京市聚焦压减燃煤、控车减油、治污减排，细化提出了 84 项重点任务；河北开始压缩炼铁和炼钢产能；上海会同江苏、浙江及有关部委筹建“长三角”大气污染防治协作机制；辽宁省对空气质量超标的城市开出了“雾霾罚单”……

“病来如山倒，病去如抽丝”。大气污染问题是工业化、城市化过程中长期积累形成的，治理不可能一蹴而就，需要不断总结经验，改进治理方式，提高治理效果。在长期坚持中一步步推进，“治霾靠刮风”的尴尬终会成为历史。

2 “幸福梦”才是真的“城市梦”
——聚焦中国户籍制度改革

“城市梦”的内涵不是钢筋水泥，不是交通拥挤、空气污浊，更不是“蚁族”“井底族”，而是过上有尊严的美好生活。在追梦的道路上，被称为“坚冰”的户籍制度改革固然难，但是再难也应创造有利条件，打通公平有序落户的政策通道，努力做到人口到哪里，服务和管理就跟进到哪里，为保障公民的自由迁移和全面发展奠定坚实基础。

户籍制度改革瞄准破除城乡壁垒

2013 年 11 月 15 日公布的《中共中央关于全面深化改革若干重大问题的决定》中，对户籍制度改革进行了明确部署，并出台“把进城落户农民完全纳入城镇住房和社会保障体系，在农村参加的养老保险和医疗保险规范接入城镇社保体系”等配套制度。专家表示，这意味着户籍制度改革更加凸显“多层次、全方位”，也意味着我国在通往公平正义的道路上迈出了更加坚实的一步。

决定指出，推进农业转移人口市民化，逐步把符合条件的农业转移人口转为城镇居民。创新人口管理，加快户籍制度改革，全面放开建制镇和小城市落户限制，有序放开中等城市落户限制，合理确定大城市落户条件，严格控制特大城市人口规模。

“总体来看，这些提法反映出的思路更加明确、全面、系统。”中国人民大学国家发展与战略研究院教授段成荣说。户籍制度的问题是多年积累的，立足当前的国情和城市资源环境条件，“毕其功于一役”并不现实，更具操作性的方案是“整体规划、分头实施、稳步推进”。

政策规定：

《中共中央关于全面深化改革若干重大问题的决定》指出，推进农业转移人口市民化，逐步把符合条件的农业转移人口转为城镇居民。创新人口管理，加快户籍制度改革，全面放开建制镇和小城市落户限制，有序放开中等城市落户限制，合理确定大城市落户条件，严格控制特大城市人口规模。

近年来，人们越来越清晰地认识到，户籍制度改革的重点和难点在于剥离其附着的权益差距，缩小乃至消除城乡差别，实现公共资源分配和公共服务、福利待遇的均等化。对此，决定也做出了新的规划——

“稳步推进城镇基本公共服务常住人口全覆盖，把进城落户农民完全纳入城镇住房和社会保障体系，在农村参加的养老保险和医疗保险规范接入城镇社保体系。建立财政转移支付同农业转移人口市民化挂钩机制，从严合理供给城市建设用地，提高城市土地利用率。”

“这是非常好的制度设计，着眼于人的可持续发展，解决农村人口进城后的问题，对于他们身份转变后的利益和待遇有一个兜底保障，逐渐消除城乡二元结构形成的不公平。”段成荣表示，这也直接关系到户籍改革能否成功以及城镇化质量能否提升。

中国人民公安大学教授王太元指出，在上述社会福利和保障方面之外，还应该看到的一大亮点是，决定在就业、教育等公民权利方面的改革完善也提出了系统的要求。“这些与户籍相配套，让人们看到推进户籍制度改革是多层次、全方位的。居民不分出身户籍，都应当拥有公平的机会、公平的权利和公平的规则，能共享人生出彩、梦想成真的机会。向着这个目标，应该说我们又迈近了一步。”

怎样实现农业转移人口“市民梦”?

——就加快户籍制度改革访公安部副部长黄明

党的十八届三中全会关于“加快户籍制度改革”的部署，受到社会高度关注。加快户籍制度改革的重点和难点在哪里？需要把握哪些原则？有没有路线图和时间表？

就这些热点问题，记者日前专访了公安部副部长黄明。

记者：如何理解党的十八届三中全会关于“加快户籍制度改革”的部署，加快户籍制度改革的重点在哪里？

> **权威声音：**
>
> 从近期看，要推动公共服务由户籍人口向常住人口扩展；从较长时期看，则要以义务教育、公共卫生和基本医疗、公共文化、社会保障以及保障住房、就业服务等为重点，逐步完善符合国情、比较完整、覆盖城乡、可持续的基本公共服务体系，逐步实现城乡基本公共服务的统一和服务水平的基本均衡。
>
> **——全国人大财经委副主任委员彭森**

黄明：加快户籍制度改革，是党的十八大和十八届三中全会部署的一项重点改革，是推进中国特色新型城镇化的一项重大任务，是实现亿万农业转移人口“市民梦”的一项重大举措。刚刚结束的中央城镇化工作会议，明确提出要推进以人为核心的城镇化，把促进有能力在城镇稳定就业和生活的常住人口有序实现市民化作为首要任务。根据十八届三中全会的部署，这次户籍制度改革与有关领域改革统筹配套、协同推进，涉及的面之广、人员之多、力度之大，都将是前所未有的。

加快户籍制度改革，重点是要通过调整完善户口迁移政策，促进有能力在城镇稳定就业和生活的常住人口有序实现市民化，主要任务是解决已经转移到城镇就业的农业转移人口落户问题，稳步提高户籍人口城镇化水平，稳步推进城镇基本公共服务常住人口全覆盖。

记者：加快户籍制度改革的难点体现在哪些方面？

黄明：改革开放以来，户籍制度改革一直在进行，也取得了一定成效，许多地方进行了积极有效的探索，积累了宝贵的经验，但一些深层次矛盾和问题还没有解决，集中体现在三方面：一是户籍上附着的利益较多，需要逐步剥离。户籍管理制度本身的改革并不复杂，核心的问题在于许多公共服务和社会福利政策与户籍挂钩，而且形成的时间久，涉及的领域多，协调的难度大，需要配套改革、协力攻坚。二是城乡之间、地区之间、城市之间的差别较大，需要合理引导。直辖市、副省级城市、省会市和东部城市资源优势明显，吸引大量流动人口聚集。这些城市普遍人口增长与资源、环境矛盾加剧，环境污染、交通拥堵等“城市病”问题比较严重，承载压力较大。中小城市和小城镇发展空间广阔、潜力很大，但产业支撑和公共服务功能还需要一个发育的过程，吸引人口集聚的能力不足。这就需要加强政策引导、产业引导和观念引导，加快产业布局调整，加快发展中小城市，有重点地发展小城镇，增强中小城市产业承接能力，以就业带动促进人口集聚，引导人口就地就近转移就业，逐步实现人口的合理均衡分布。三是各类群体的诉求不同，需要统筹兼顾。户籍制度改革涉及千家万户，事关广大人民群众的切身利益，各类群体高度期待且诉求多元，需要充分尊重并统筹兼顾好不同群体的利益诉求，突出重点、兼顾一般、分类分步有序推进，最大限度地释放改革红利，维护好最广大人民群众的合法权益。

加快户籍制度改革确实是一块硬骨头。我们有信心在党中央、国务院的坚强领导下，紧紧依靠各级党委政府，与各有关部门同心协力、攻坚克难，在实干中破解改革难题、实现改革目标。

记者：针对这些重点、难点问题，改革需要把握哪些原则？

黄明：当前，加快户籍制度改革，必须把握一些重要原则：一要尊重意愿。要坚持以人为本，充分尊重群众自主定居的意愿，群众要不要进城、进哪个城、何时进城，都要让群众自主选择，不能把农业转移人口“拉进城”、“被落户”。要逐步提高基本公共服务水平，切实保障农业转移人口及其他常住人口的合法权益。二要分类实施。国家层面作出政策安排、明确总体要求，由各地根据不同地区资源环境综合承载能力和发展潜力，因地制宜制定具体办法，并向全社会公布，让农业转移人口及其他常住人口了解不同城市的落户条件，合理安排自己的未来，给大家稳定的预期和希望。三要有序推进。要立足于我

> **媒体观点：**
>
> 在中国这样一个地域广阔、情况复杂、发展不平衡的大国，要做到改革进程与经济社会发展水平和资源环境承受能力相适应、与人民群众自主定居意愿相契合，划分建制镇和小城市、中等城市、大城市、特大城市等不同的落户条件是一个现实的路径选择。

国正处于社会主义初级阶段和人口大国的基本国情，遵循城镇化发展规律，优先解决存量，有序引导增量。既要积极、又要稳妥、更要扎实，不刮风、不冒进、不搞运动。

记者：加快户籍制度改革有没有具体的路线图和时间表？

黄明：党的十八届三中全会明确提出："加快户籍制度改革，全面放开建制镇和小城市落户限制，有序放开中等城市落户限制，合理确定大城市落户条件，严格控制特大城市人口规模"，这为加快推进户籍制度改革明确了路径和要求。

按照党中央、国务院的部署要求，公安部会同国家发改委等12个部门组成工作班子，在广泛深入调查研究和总结各地经验的基础上，研究提出了具体的政策措施，形成了《关于加快推进户籍制度改革的意见》稿，并由6个部门负责同志带队组成工作组，分赴东中西部部分省区市听取意见。目前，正在根据中央城镇化工作会议精神和各地意见对《意见》稿作进一步修改完善。总的考虑是，整个户籍制度改革工作要遵循规律、因势利导、统筹配套、有序推进，确保取得好的效果。待报中央审批和部署后，我们将会同有关部门抓好组织实施，由各地因地制宜研究制定差别化的落户政策和实施方案。

加快户籍制度改革的进程，要与全面建成小康社会相适应，与推进新型城镇化进程相一致。具体到户籍制度本身，到2020年，要基本形成以合法稳定住所和合法稳定职业为户口迁移基本条件、以经常居住地登记户口为基本形式，城乡统一、以人为本、科学高效、规范有序的新型户籍制度。

记者：中央城镇化工作会议提出"要稳步提高户籍人口城

镇化水平”，怎样理解这一新的提法？

黄明：“稳步提高户籍人口城镇化水平”非常重要。当前，我国城镇化率达到52.6%，这是以常住人口为基数计算的，但按照户籍人口计算，城镇化率只有35.3%。这说明有大量经常住在城镇的农业转移人口还不是城镇户口，处于“半市民化”状态，也说明许多地方落户门槛仍然较高，一些城镇吸引人口集聚的能力还不足。这次会议提出“稳步提高户籍人口城镇化水平”，其目的就是推进以人为核心的城镇化，逐步缩小常住人口、户籍人口两个城镇化率之间的差距，让符合条件的农业转移人口真正实现市民化，融入城市社会，提升人民生活水平和质量。

记者：十八届三中全会《决定》在部署加快户籍制度改革的同时，明确提出要“创新人口管理”。对此公安部有何考虑？

黄明：创新人口管理，是推进国家治理体系和治理能力现代化的内在要求。目前，需要与加快户籍制度改革同步，抓紧建立和完善三项制度：一是建立城乡统一的户口登记制度，取消城乡居民的身份差别，为消除城乡壁垒、推进城乡发展一体化创造有利条件。二是建立实施居住证制度，以居住证为载体，建立健全与居住年限等条件相挂钩的基本公共服务提供机制，解决好暂不具备落户条件或者不愿落户城镇人口的教育、就业、医疗等基本公共服务保障问题；建立完善与居住年限等条件相挂钩的积分落户制度，为公平有序落户提供阶梯式政策通道；同时，为城市编制经济社会发展规划、安排基础设施建

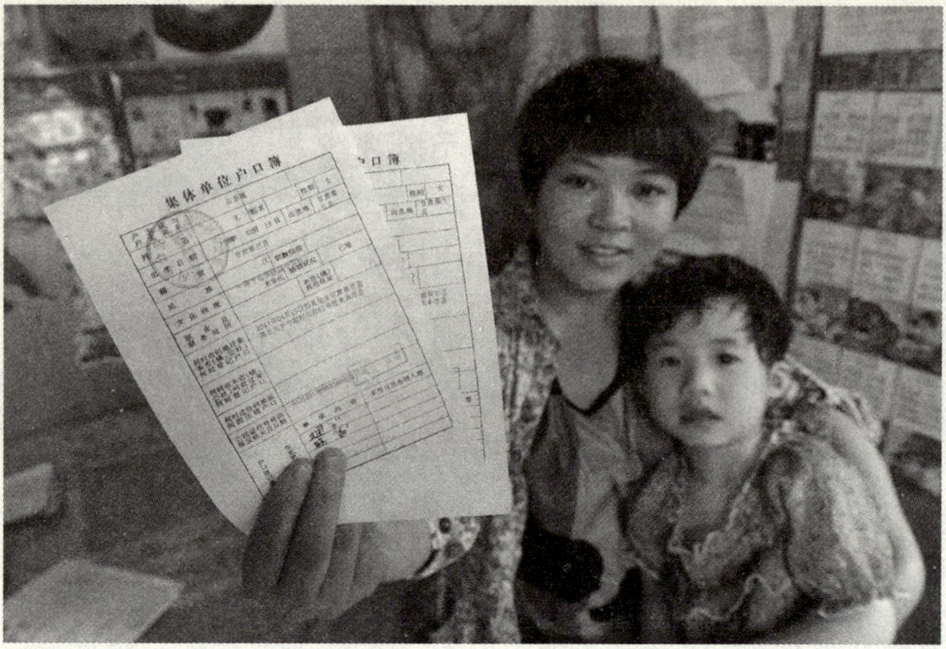

2013 年 3 月 27 日，银川市户籍新政出台，降低进城落户门槛，对外来投资创业人员也设置了一些人性化的落户条件。王小萍期盼多年的进城梦终于实现，孩子入学等一些难题也迎刃而解。图为王小萍抱着孩子在位于宁夏银川的家中向记者展示新办理的城市户口（新华社记者彭昭之　摄）。

设、制订公共政策等提供依据。三是健全实际居住人口登记制度，建设和完善覆盖全国人口的国家人口基础信息库，为跨地区人口流动服务和管理提供支撑，努力做到人口流动到哪里，服务和管理就跟进到哪里。

新型户籍制度之路怎么走?

针对广受关注的户籍制度改革问题，公安部副部长黄明

2013年11月17日表示，到2020年，要基本形成以合法稳定住所和合法稳定职业为户口迁移基本条件、以经常居住地登记户口为基本形式，城乡统一、以人为本、科学高效、规范有序的新型户籍制度。

此前，户籍制度改革的路线图已经公布。党的十八届三中全会明确：“加快户籍制度改革，全面放开建制镇和小城市落户限制，有序放开中等城市落户限制，合理确定大城市落户条件，严格控制特大城市人口规模。”

至此，“横轴”和“纵轴”——加快推进户籍制度改革的时间和空间坐标更为明晰，下一步的关键就在于如何有效、有序推进。

“加快户籍制度改革，是推进中国特色新型城镇化的一项重大任务。”黄明解读指出，“主要任务是解决已经转移到城镇就业的农业转移人口落户问题，稳步提高户籍人口城镇化水平，稳步推进城镇基本公共服务常住人口全覆盖。”

国家发展和改革委员会主任徐绍史2013年11月16日谈到新型城镇化近期工作重点时也表示，有序推进农业转移人口市民化，就是按照因地制宜、分步推进、存量优先、带动增量的原则，统筹推进户籍制度改革和基本公共服务均等化。

不难发现，两部委负责人的表述均强调了两点——“统筹推进户籍制度改革”和“基本公共服务均等化”。多位专家及受访群众认为，这两者恰如农业转移人口市民化的“两条腿”，必须协调统一、同步推进。

长期以来，随着时代发展和社会管理的需要，原本以人口登记为基本功能的户籍制度，逐渐附着教育、社保、医疗等诸多社会福利和公共政策。如今，这成为户籍制度改革的最大障碍。

中央财经领导小组办公室副主任杨伟民认为，户籍制度本身很好改，关键是户籍背后依附的那些制度、服务、权利不一样，加大了改革的难度。

正如杨伟民所言原因，与当前明确的建制镇和小城市、中等城市、大城市、特大城市四级落户政策相对应的，是两种不同的人口迁移趋向——

一方面，中小城市户口含金量不高，农业转移人口不愿意放弃原有农村户口。一些乡镇干部细算了农村户口的优势：农民可在自家宅基地上建单家独院的住房；即使自己不种地，国家粮食补贴、土地流转租金等每亩每年有五六百元收入；若遇征地，一些城郊农民可能成为“百万富翁”。

另一方面，大城市尤其是特大城市面对大量涌入的外来人口，已经不堪重负，交通拥堵、环境污染、教育医疗资源紧张等“病症”日益显现。严格控制这类城市落户条件，是无奈而现实的选择。

专家声音：

做强小城镇更符合现阶段我国实际发展需要。随着改革进程加快，小城镇的公共资源将更加丰富、人才外流的现象也会有所改观。在大城市普遍“超载”的情况下，中小城镇的机遇反而会更多。

——中国政法大学教授刘莘

统计显示，以常住人口为基数计算，当前我国城镇化率达到52.6%；但按照户籍人口计算，城镇化率只有35.3%。这说明有大量常住城镇的农业转移人口还不是城镇户口，处于“半市民化”状态，也说明许多地方落户门槛仍然较高，一些城镇吸引人口集聚的能力还不足。

中国政法大学教授刘莘表示，做强小城镇更符合现阶段我国实际发展需要。随着改革进程加快，小城镇的公共资源将更加丰富、人才外流的现象也会有所改观。在大城市普遍“超载”的情况下，中小城镇的机遇反而会更多。

黄明指出，户籍制度改革是一个渐进的过程，需要积极稳妥、统筹兼顾、扎实推进。对于农业转移人口这一群体来说，既要解决好其中暂不具备落户条件或者不愿落户城镇人口的教育、就业、医疗等基本公共服务保障问题，也要为他们公平有序落户提供阶梯式政策通道。

事实上，一些省市已经出台改革方案，开始这方面的有益探索。

例如，云南在促进农业转移人口市民化的过程中，一段时间内给予进城落户农民“城乡兼有”的特殊身份待遇，盖上“城乡两床被子”，让农民既能享受农村惠民政策，又能平等共享城市的公共服务。

又如，上海今年开始实行居住证积分制度，对在上海合法稳定居住和就业的持证人进行积分，积分达到标准分值的，可享受相应的公共服务待遇。对紧缺急需专业、特定公共服务领域、远郊重点区域、表彰奖励等实行额外加分，将劳动者对城市的贡献通过相应的分数回报予以体现。

改革已在路上。一个普遍共识是，根据十八届三中全会的部署，在新型城镇化的顶层设计之下，此次户籍制度改革与有关领域改革统筹配套、协同推进，涉及面之广、人员之多、力度之大均前所未有，其核心正是实现“人的城镇化”。

“从近期看，要推动公共服务由户籍人口向常住人口扩展；从较长时期看，则要以义务教育、公共卫生和基本医疗、公共文化、社会保障以及保障住房、就业服务等为重点，逐步完善符合国情、比较完整、覆盖城乡、可持续的基本公共服务体系，逐步实现城乡基本公共服务的统一和服务水平的基本均衡。”全国人大财经委副主任委员彭森说。

“幸福梦”才是真的“城市梦”

公安部副部长黄明就加快户籍制度改革作出进一步解读。从中人们清晰感受到，在中央统一部署下各部门各地正以坚强决心和必胜信心啃下这块“硬骨头”。其中也传递出一个清晰的信号，“让农业转移人口实现城市梦”不仅是一纸户口的变化，更是促进生活质量和幸福指数的提升。

加快户籍制度改革，是推进中国特色新型城镇化的一项重大任务。如果只从一纸户籍的角度来看，其本身的改革并不复杂。核心问题在于与户籍挂钩的医疗、社保等诸多公共服务和社会福利政策，这些服务和政策形成时间久、涉及领域多、协调难度大，需要配套改革、协力攻坚。近年来改革的方向，也是逐步剥离户籍上所捆绑的福利，努力实现基本公共服务均等化、全覆盖。而在一些省市探索实行的居住证、积分落户等制度，正在为亿万农业转移人口照亮前路：依靠勤劳与智慧，“城市梦”就不会遥远。

> 有序推进农业转移人口市民化。推动户籍制度改革，实行不同规模城市差别化落户政策。把有能力、有意愿并长期在城镇务工经商的农民工及其家属逐步转为城镇居民。对未落户的农业转移人口，建立居住证制度。使更多进城务工人员随迁子女纳入城镇教育、实现异地升学，实施农民工职业技能提升计划。稳步推进城镇基本公共服务常住人口全覆盖，使农业转移人口和城镇居民共建共享城市现代文明。
>
> ——摘自《2014年政府工作报告》

户籍制度改革必须既遵循规律、因势利导，又统筹兼顾、有序推进。在中国这样一个地域广阔、情况复杂、发展不平衡的大国，要做到改革进程与经济社会发展水平和资源环境承受能力相适应、与人民群众自主定居意愿相契合，划分建制镇和小城市、中等城市、大城市、特大城市等不同的落户条件是一个现实的路径选择。其背后更有一种内在要求和驱动因素，即提高前两者的吸引力、承载力和发展机遇，进而实现人口、资源的相对均衡配置，为特大城市减负，也为中小城市添彩。

“城市梦”的内涵不是钢筋水泥，不是交通拥挤、空气污浊，更不是“蚁族”“井底族”，而是过上有尊严的美好生活。在追梦的道路上，被称为“坚冰”的户籍制度改革固然难，但是再难也应创造有利条件，打通公平有序落户的政策通道，努力做到人口到哪里，服务和管理就跟进到哪里，为保障公民的自由迁移和全面发展奠定坚实基础。

3 转基因食品，你吃了吗？
——聚焦转基因食品安全

作为一个公共话题，关于转基因食品安全的争议，从专家学者的理论探讨到市井百姓的街谈巷议，无不时有涉及，其持续时间之长、参与范围之广、舆论关注度之高，实属罕见。究其原因，转基因食品的安全性尚无定论固然是重要因素，而过于稀缺的官方信息和权威发布，无疑又加深了公众的顾虑和担忧。

沸沸扬扬转基因之争

很少有一项技术像转基因这样，让各方观点如此对立：相互矛盾的实验证据，极端对立的利益表达，莫衷一是的研究结论，让消费者无所适从。

如何对待转基因食品，世界各国态度不一，科学界也有很大分歧，或许这种争论将长久持续下去。然而，对消费者来说，比争论更重要的是对转基因食品消费的知情权和选择权。

转基因农产品离我们有多远

该听谁的？ 新华社发 蒋跃新 作

随着转基因技术的发展和转基因农作物的推广，转基因农产品逐渐深入人们的生活。国际农业生物技术应用服务组织统计数据表明，28 个国家种植了转基因作物。全球约 81％的大豆、35％的玉米、30％的油菜都是转基因产品。

截至目前，我国共批准发放 7 种转基因植物的农业转基因生物安全证书，即 1997 年发放的耐贮存番茄、抗虫棉花安全证书，1999 年发放的改变花色矮牵牛和抗病辣椒安全证书，2006 年发放的转基因抗病番木瓜安全证书，2009 年发放的转基因抗虫水稻和转植酸酶玉米安全证书。

据农业转基因生物安全委员会副主任委员、中国农业科学院植物保护研究所研究员彭于发介绍，目前国内的转基因农作物主要是转基因棉花，转基因番木瓜也有少量种植。

进口农产品有哪些是转基因品种呢？我国先后批准了转基因棉花、转基因大豆、转基因玉米、转基因油菜 4 种作物的进口安全证书。除批准了转基因棉花的种植外，进口的转基因大豆、转基因玉米、转基因油菜用途仅限于加工原料。

黑龙江大豆协会副秘书长王小语告诉记者，国内超过一半的油脂消费都是大豆油，90%的大豆油原料为转基因大豆。

转基因食品安不安全

自从1996年转基因作物实现商业化种植以来，转基因可能是农业史上最有争议的技术。支持者认为转基因技术能缓解资源约束、保护生态环境、改善产品品质，反对者则从食用安全、生态安全和主粮安全等方面提出质疑。转基因技术是“潘多拉魔盒”还是未来农业之路？技术风险能有效预防吗？种种纷争公众也很难辨明。

> **什么是转基因食品？**
>
> 所谓转基因食品，就是通过基因工程技术将一种或几种外源性基因转移到某种特定的生物体中，并使其有效地表达出相应的产物（多肽或蛋白质），此过程叫做转基因。以转基因生物为原料加工生产的食品就是转基因食品。
>
> 根据转基因食品来源的不同可分为植物性转基因食品，动物性转基因食品和微生物性转基因食品。

在农业部转基因生物安全委员会委员林敏等生物学家看来，转基因技术是现代生物技术的核心，拓宽了可利用基因的来源，实现了育种工作的可预期、精准、可控、高效，大大节约了人力、物力和时间，是生物育种的技术革命。

诺贝尔奖获得者理查德·罗伯特说：“在农业领域，在这日益恶化的环境中，这项技术让我们能够少用水或杀虫剂。而且并没有证据表明转基因食品对人类的健康有害。”

但也有专家表示，转基因作物对生态环境造成的潜在威胁值得警惕。生物技术理学博士、天津科技大学教师王芳说，抗虫作物可能会使食物链中断，而昆虫在进化过程中，可能会产生对毒性蛋白的抵抗能力，出现所谓“超级害虫”。

“美国环境保护局规定，在种植抗虫害转基因作物的田地周围，必须保留一块专门种植普通作物，让害虫有个避难所。”王芳说。

对于转基因食品的安全性，中国科学院遗传发育研究所朱祯研究员认为，吃含有基因的食品或含有转基因的食品将会改变人类遗传特性的担心是毫无科学依据的。从长远来讲，转基因食品跟常规育种得到的食品一样，并没有产生有别于其他食品新的不可预期的问题。

而世界卫生组织在2007年《关于转基因食品的20个问题》的文件中曾谨慎地说：“目前在国际市场上可获得的转基因食品已通过风险评估，并且可能不会对人类健康产生危险。”

教育部食品营养与安全重点实验室研究员、天津科技大学教授王俊平认为，化学目标物安全性的检测很明确，比如三聚氰胺，而转基因食品安全的评价非常复杂。

消费者对转基因食品应有知情权

有关转基因安全性的争论短时期内可能很难分出胜负，一些专家表示，应该充分保证群众对转基因食品消费的知情权，把问题摆出来，把选择权交给群众。

“跳出有关转基因食品安全性的争论之外，人们有权知道吃进肚子里的食物到底是什么，应该充分维护人们对食物的知情权和选择权。”农业政策专家、南开大学周恩来政府管理学院博士生导师程同顺说。

“任何商品都必须充分尊重消费者的知情权，商品真实的信息情况必须提供给消费者。”中国消费者协会专家顾问、律师邱宝昌表示，消费者的知情权、选择权是法律赋予消费者的权利，同时这种规定也是经营者的义务。

南开大学张翔博士认为，规范并完善转基因食品标识制度至关重要，转基因食品的推广和销售要建立在充分的信息公开和尊重消费者选择权的基础上。

“在相关争论仍在继续的情况下，我们国家应该进一步规范和完善标识管理。”王俊平说，应该借鉴发达国家对转基因食品的标识管理。

谁来打消我们的“转基因焦虑”

“目前市场销售的圣女果、小黄瓜等并非转基因食品”，这一媒体报道的消息无疑让喜欢上述瓜果的人们松了口气。但回头想想社会公众对各色蔬菜水果及食品的“转基因焦虑”，其产生与蔓延耐人深思。

作为一个公共话题，关于转基因食品安全的争议，从专家学者的理论探讨到市井百姓的街谈巷议，无不时有涉及，其持续时间之长、参与范围之广、舆论关注度之高，实属罕见。究其原因，转基因食品的安全性尚无定论固然是重要因素，而过于稀缺的官方信息和权威发布，无疑又加深了公众的顾虑和担忧。

按照农科院相关专家的解释，此前坊间流传的“圣女果、大个儿彩椒、小南瓜、小黄瓜”转基因食品名单并不准确，个头小是天生的基因差异，辣椒、玉米等有不同颜色，也是天然存在的遗传基因差异，并非转基因的结果。一度紧张不已，原来是一场虚惊。

作为个人，固然要反省自己关于转基因的知识储备不够、科学素养匮乏，但显然不应将“转基因焦虑”都归因于此。很长时间以来，国内转基因作物和转基因食品的状况如何，有关部门一直语焉不详，相关信息也付之阙如。历经大大小小的食品安全事件后，每有风吹草动，公众便“宁信其有，不信其无”，看似可笑，也是自我保护的无奈之举。

专家观点：

转基因技术是现代生物技术的核心，拓宽了可利用基因的来源，实现了育种工作的可预期、精准、可控、高效，大大节约了人力、物力和时间，是生物育种的技术革命。

——农业部转基因生物安全委员会委员林敏

转基因等生物技术是解决中国粮食和环境问题的一个有力手段，转基因作物产生或增强了抗虫、抗病、高产、优质等性状，在农业生产中能够发挥良好的经济效益和生态效益。

——中科院院士、中科院上海生命科学研究院院长陈晓亚

我国18亿亩耕地，即使在去年粮食“九连增”的基础上，仍进口了5800多万吨大豆，加上大米、小麦、大麦、油菜等，大概是8000万吨，折成耕地则需要8亿亩左右。如果不大力发展转基因技术、保证粮食自给，可能将不得不放弃油料、棉花等一大批作物的安全。

——中国工程院院士、中国农业科学院副院长吴孔明

公开透明是谣言和小道消息最好的“粉碎机”。在围绕转基因食品安全的争议尚未尘埃落定的背景下，要化解普遍存在的“转基因焦虑症”，及时权威的信息披露是最好的选择。反之，当信息闭塞，人们要作判断又无所凭依的时候，盲从轻信便不可避免。

客观而言，有关部门和权威专家此番针对转基因问题的发声，一定程度上回应了人们长期以来的关切，有助于打消公众的焦虑。但也要看到，这次信息披露是媒体“求证”的结果，而非官方主动发布，发布的内容也很有限，离消费者的心理期待仍有不小的距离。由此观之，“小黄瓜”虽然正了名，但相关反思却不该停止，相关行业产业信息披露机制的建立更不能就此止步。

解析转基因五点疑问

不久前有经济学者在电视访谈节目中称，转基因玉米让老鼠长肿瘤、美国连牲畜都被禁止喂食转基因饲料。转基因食品的安全性问题再度成为社会焦点。一些人质疑：转基因食品致癌或让人“绝育无后”？老外不吃转基因食品？对此，记者采访了部分国内外生物技术专家及业内人士，求证有关热点问题。

疑问一：转基因食品致癌和不育？

有观点认为，吃转基因食品会“致癌”、“绝育”，种植转基因作物会导致土地报废。对此，中国农业大学食品科学与营养工程学院院长罗云波说，这些都是被反复炒作的不实言论，以前也都多次被澄清过。

罗云波说，关于法国教授用转基因玉米喂食大鼠产生肿瘤的试验，欧洲食品安全局已彻底否定了其研究结论；中国消费转基因油的区域是转基因发病集中区的言论，因没有流行病学调查，当时就被医学专家所否定；关于我国种植转基因作物导致土地报废的说法也早已被澄清。

事实上，我国转基因棉种植区地力稳定，产量正常，关于吃转基因食品会导致“绝育”纯属造谣，因为广西从来没有种植和销售转基因玉米，迪卡玉米不是转基因品种，谣言提及的《广西在校大学生性健康调查报告》根本没有涉及转基因问题。

疑问二：美国人吃不吃转基因食品？

记者专门向美国农业部部长顾问麦克斯·霍兹曼进行了求证。据霍兹曼介绍，美国的玉米和大豆超过90％都是转基因的，其中20％的玉米和40％的大豆用于出口，其余都用于本国消费。美国市场上约七成加工食品都含有转基因成分。至今为止，美国没有发生过因食用转基因食品产生的安全事件。

麦克斯·霍兹曼说，从联邦法律来看，转基因食品如果和传统食品在营养方面没有实质性变化，则不需要专门标识。由于上市的转基因产品都通过了美国农业部、食品和药物管理局、环境保护署三个部门最长达3年的严格审核，安全性已有充分证明，至于是否是转基因食品与其是否安全没有关系，所以无需在标签上额外提示。

国际食品信息委员会（IFIC）的长期调查也佐证了这一点。这个委员会的国际关系副主任安迪·本森向记者介绍，过去15年来他们每年都委托专业的第三方机构调查美国消费者对转基因的态度，结果基本一致：98％左右的受访者不担心转基因食品安全。

疑问三：欧盟“零容忍”转基因?

一种说法认为，转基因农作物的安全性未得到确认，欧盟甚至实行“零容忍”。对此，罗云波说，转基因食品的安全性是有定论的，即凡是通过安全评价、获得安全证书的转基因食品都是安全的，可以放心食用。世界卫生组织以及联合国粮农组织认为：凡是通过安全评价上市的转基因食品，与传统食品一样安全。

据罗云波介绍，欧洲也是转基因产品进口和食用较多的地区。1998年，欧盟批准了转基因玉米、油菜、大豆、土豆等在欧洲种植和上市，除了极少数是作饲料或工业用途，绝大部分都是用作食品。2012年西班牙、葡萄牙、捷克、斯洛伐克、罗马尼亚5个国家批准种植转基因作物。

欧盟曾耗资2.6亿英镑对超过50个转基因安全项目进行风险评估，并在2000年和2010年的欧盟委员会报告中得出结论：一、没有科学证据表明转基因作物会对环境和食品及饲料安全造成比传统作物更高的风险；二、由于采用了更精确的技术和受到更严格的监管，转基因作物可能比传统作物和食品更安全。

疑问四：孟山都控制中国转基因市场？

作为全球第一个获准商业化种植转基因作物的公司，美国孟山都公司被不少人认为已经用生物技术控制了全球转基因作物种植市场。今年我国农业部批准进口的三种转基因大豆产品中，有两种是孟山都开发的。一些人担心，孟山都要“占领”中国市场了吗？

孟山都公司（Monsanto Company）是一家跨国农业生物技术公司。其生产的旗舰产品 Roundup 是全球知名的草甘膦除草剂。该公司目前也是转基因（GE）种子的领先生产商，占据了多种农作物种子 70%—100%的市场份额。总部设于美国密苏里州克雷沃克尔。

记者向孟山都公司总裁布瑞特·贝格曼了解到，在去年近百亿美元的种子销售额中，59%的玉米种子、18%的大豆种子、9%的蔬菜种子和8%的棉花种子来自于生物技术。目前孟山都主要的业务还是在美国本土，约占销售额 55%；其次是欧洲及非洲，占 13%；在亚太区的业务仅占 6%。

在研发方面，孟山都每年研发经费为 15 亿美元，其中超过半数用于传统育种。事实上，孟山都同时也是世界最大的传统育种公司。

据作物国际协会生物技术法规主任里查德介绍，美国主要生物技术几乎都来自私人领域投入。一个生物技术产品研发的平均成本高达 1.36 亿美元，周期长达 13.1 年。因此，只有像孟山都、先锋种业等跨国公司才有这样的研发实力。

里查德说，生物技术研发的另一大阵营是公共科研领域，主要有中国、印度、巴西等。他预计未来 5 年内全球约有 90

个新基因被商业化，其中多数将来自各国的公共研究机构，尤其是中国的公共研究机构。

疑问五：中国非得在主粮上发展转基因吗?

转基因粮食到底有什么好处？中国目前还没有商品化种植转基因主粮，记者向美国中部“粮仓”伊利诺伊州滑铁卢的一位农场主了解情况。

肯尼斯·哈特曼今年种了728公顷转基因玉米、486公顷转基因大豆。他认为，转基因作物是抗虫或抗除草剂的，农药用量比以前少多了，土地更干净，也不用翻耕。转基因玉米不会因为被虫咬发生霉变，从而产生黄曲霉素，比非转基因玉米更安全。

“前几年这里还有不少农民种植非转基因大豆，但现在全州几乎99%的农民都转而种转基因大豆了。”肯尼斯说。

中科院院士、中科院上海生命科学研究院院长陈晓亚表示，转基因等生物技术是解决中国粮食和环境问题的一个有力手段，转基因作物产生或增强了抗虫、抗病、高产、优质等性状，在农业生产中能够发挥良好的经济效益和生态效益。

中国工程院院士、中国农业科学院副院长吴孔明认为，我国18亿亩耕地，即使在去年粮食“九连增”的基础上，仍进口了5800多万吨大豆，加上大米、小麦、大麦、油菜等，大概是8000万吨，折成耕地则需要8亿亩左右。如果不大力发展转基因技术、保证粮食自给，可能将不得不放弃油料、棉花等一大批作物的安全。

我国转基因标识制度仍需规范和完善

位置模糊　　　　新华社发 蔡子君 作

我国对转基因农产品实行严格的标识制度，规定列入转基因标识目录并在市场上销售的转基因生物均需要标识。但记者在北京、天津几家大型超市调查发现，转基因标识与反向标识共存、部分转基因食品“不愿标识”，超市内转基因食品标识仍存“漏网之鱼”。专家建议，我国转基因标识制度仍需规范和完善。

标识与反向标识共存

在超市的食用油商品区，记者看到一些知名品牌的食用油均在配料表中标明了是否使用转基因作物作为原料。尤其是以非转基因作物为原材料的产品，“非转基因”字样在商品包装上格外突出。

豆制品是消费者关心的重点。记者在超市看到，有两个品牌的豆浆、豆腐和豆芽产品均注明使用非转基因大豆制作；雅士利、永和品牌的冲调豆奶粉都在包装上标注了“非转基因”字样；而一款茄汁黄豆罐头未标明使用的黄豆和番茄是否为转基因原料。

转基因食品标识仍存“漏网之鱼”

记者在超市实地探访时了解到，超市内的生鲜农产品几乎都没有转基因食品信息标注。

转基因番木瓜“华农 1 号”占有广东番木瓜市场销售大约 40%。研究团队成员、华南农业大学教授李华平告诉记者，由于转基因木瓜在农业部公布的第一批实施标识管理的农业转基因生物目录之外，所以市场上的转基因木瓜销售不用标识。

记者对天津超市里的一款酱油调查了解到，其制作原料使用的是转基因豆粕，但在外包装上并没有明确标识。记者首先致电酱油生产厂家，得知其生产原料之一的豆粕来自于秦皇岛一家知名粮油外企。记者联系到这家企业一名姓左的销售人员，据他介绍，酱油生产厂家从他这里买进转基因大豆制成的豆粕，用以生产酱油。

> **专家观点：**
>
> 任何商品都必须充分尊重消费者的知情权，商品真实的信息情况必须提供给消费者。
>
> ——中国消费者协会专家顾问、律师邱宝昌
>
> 规范并完善转基因食品标识制度至关重要，转基因食品的推广和销售要建立在充分的信息公开和尊重消费者选择权的基础上。
>
> ——南开大学张翔博士

小左告诉记者，一吨豆粕报价是 4260 元，还有一种非转基因的豆粕，报价是 5000 多一吨。一些酱油生产商为了降低成本，用转基因豆粕来生产酱油。

转基因标识制度仍需规范和完善

我国实行相对严格的转基因标识制度，目前有两部法律法规对此加以规范。一部是国家质检总局的《食品标识管理规定》，规定转基因食品或者含法定转基因原料的产品，必须在标识上加入中文说明。另一个是国务院的《农业转基因生物安全管理条例》，规定“列入农业转基因生物目录”的农产品，必须有明显标识。农业部公布的第一批实施标识管理的农业转基因生物目录中包括玉米、大豆、油菜、棉花、番茄等五大类。

不少专家认为，消费者对转基因食品要有知情权，规范并完善转基因食品标识制度至关重要，转基因食品的推广和销售要建立在充分的信息公开和尊重消费者选择权的基础上。

南开大学法学院副教授宋华琳建议，应通过修订《食品安全法》对转基因食品的管理加以规定，有关部门应尽快制订转基因食品安全的国家标准，填补对转基因食品监管的“盲点”。

“食品安全需要无缝隙对接。”中国消费者协会专家顾问、律师邱宝昌说，农业部制定了部门规章，但标识却出现在流通领域，谁来执法就成了问题。所以现在对于食品安全方面、标识标注和标准制定需要统一执法。同样的，食品召回、食品监管、食品安全标准等，也应以法律法规的形式，由国家推行统一的规定。而这些规定必须具有可操作性，制定部门与执行部门要进行协调统一，而不再是“各管一段”的部门规章。

中国人民大学商法研究所所长刘俊海表示，应该以农业部为基础，充分发挥工商、质监、食品药品乃至卫计部门的作用，在转基因食品标签领域，打造一个信息共享、快捷高效的多股力量的集结区，确保每一份转基因食品具有可追溯性，每一份转基因食品的身份信息可以随时查询。“这就可以有效消除公众对转基因食品不必要的恐惧，也是一个扭转食品安全信息不足的战略性举措。”

发达国家如何标识转基因食品

围绕转基因食品的争议始终没有消停，超市货架上的东西到底含不含转基因原料？如何确保消费者的知情权和选择权？我们可以看看发达国家是怎么标识转基因食品的。

美国：无标识、有争议

美国是全球最大的转基因作物种植国，用转基因大豆和玉米生产的食品早已遍布美国超市，也被消费者广泛食用。

在美国，超市货架上的转基因食品通常并没有特殊标识。美国联邦政府监管部门支持在食品包装上标注“转基因”标识，但不作强制要求。美国国会参议院今年 5 月明确驳回了强制标识转基因食品的要求，消费者也很少留意所购买的是否是转基因食品。

但今年 6 月，美国东北部的康涅狄格州成为第一个要求标识转基因食品的州。该州通过一项设置生效前提的法案，要求给转基因食品贴上“用基因工程技术生产”的标识，否则，违法卖家或分销商将面临每件商品每天多达1000美元的罚款，相关食品可能还会被消费者保护部门禁售。

欧盟：转基因食品必须明示

和美国相比，欧盟对转基因作物和食品采取“谨慎批准”态度。欧洲转基因作物的种植面积在全球几乎可以忽略不计，转基因食品在欧洲市场的销售也非常有限，且有严格的规定。

根据欧盟规定，转基因食品在包装上必须有“转基因”标识，即便是散装的转基因食品，也必须在食品旁设置标识信息。

这也就是说，面粉、食用油等食品，如果原材料直接来源于转基因作物，必须明示；葡萄酒、卵磷脂等食品，如果含有来源于转基因作物的原材料，也必须明示。但也有一些食品是不用标识的，例如利用转基因微生物发酵制取的奶酪，转基因饲料喂养动物所产的肉、蛋、奶等。

在欧盟国家，凡是使用转基因原材料的食品不论其比例高低，均需标识。不过，对于加工非转基因食品的生产商，如果在加工流程中无意掺杂进转基因成分，可以允许不超过0.9％的含量。

日本：三种标识方式

从2001年4月起，日本就通过法规要求标识转基因食品。必须标识的包括大豆、玉米、马铃薯、油菜籽、棉籽、甜菜、木瓜8种农产品的转基因品种，以及用这些农产品为原料、能检测出转基因成分的加工食品，高油酸转基因大豆和转基因玉米为原料加工的食用油等。

相关的食品标识有三种："转基因""非转基因"和"转基因不分"。

根据日本的法规，和原有品种成分、营养价值等同的转基因农产品及其加工食品，如果能够检测出转基因成分，就必须标识为"转基因"或"转基因不分"；和原有品种成分、营养价值显著不同的转基因农产品及其加工食品，即使检测不出来转基因成分，也必须标识。

如果转基因原料在食品中不是前三位的主要成分、重量也不超过食品总重的5%，则可以不必标识；如果是转基因成分在加工过程中已去除、分解，使用最新检测技术也检测不出来的加工食品，也可以不必标识。

除以上8种农产品及其加工食品外，其他农产品及其加工食品都不允许标识"非转基因"，因为其他农产品并没有转基因品种，擅自标识"非转基因"可能使消费者产生误解。

转基因食品大趋势

——引力大于阻力

转基因食品的话题一直引发热议。其他国家怎么看待转基因食品？人们有很多疑问，也有一些流言。为此新华社记者调查了全球多个国家，其中既有转基因食品“大本营”美国，也有对转基因持怀疑态度的法国。但总的来看，大势明朗：转基因的引力大于阻力。

已非有无之争

关于转基因食品争论的一个焦点是能否安全上市。在记者调查的国家中，没有一个禁止转基因食品上市销售。转基因食品早已不是有或无，而是多或少。

记者所调查的国家中，对转基因食品的“友好度”排序为：美国、加拿大、巴西、日本、俄罗斯、英国、法国、肯尼亚。其中北美是转基因“大本营”，美国是全球种植转基因作物第一大国，加拿大和美国一样不需对转基因食品进行任何标识，北美民众早已通过超市、饭店等途径消费大量转基因食品。

在向来对转基因食品持怀疑态度的法国，政府曾两次下令禁止在境内商业化种植一种转基因作物，两次禁令都很快被法国最高行政法院判决无效，但法国农业部还是表示政府将坚持不支持转基因作物的一贯立场。尽管如此，由于有40余种转基因作物获准进口到欧盟，法国超市货架上已有30多种转基因食品。

在两极之间的其他国家，都允许转基因食品上市，只是对转基因食品的标识要求不同。如在英国，要遵守严格的欧盟规定，食品中转基因含量超过0.9％时就要强制标识，而日本的限额是5％，俄罗斯是9％。在巴西，只要转基因成分是辅料还可以不标识。

引力难以抵御

各国对转基因食品的讨论中，几种态度值得关注：科学界几乎一致支持，民众将信将疑，而政府往往有较多顾虑。

科学界主流对转基因食品的安全性没有疑义，一些所谓“转基因有害”研究结果很快都在权威机构的调查下被指出谬误。如法国卡昂大学研究人员塞拉里尼关于转基因玉米导致实验鼠减寿的论文曾引起广泛关注，但法国生物技术最高委员会和国家卫生安全署认为这项研究存在诸多不足，最后法国农业部也承认，塞拉里尼的论述不足以推翻此前转基因玉米“无害”的评估结果。

但民众总是有一定怀疑。法国2012年的一项民意调查显示，79％的人对转基因产品表示担心；英国也有约八成民众仍不愿接受转基因食品；俄罗斯的一些媒体把转基因和变种生物、外星人联系在一起；日本人也觉得“说不清”。在转基因的“大本营”美国，《纽约时报》的一项调查称有26％的人认为转基因食品不安全。

在各国政府中，俄罗斯尽管有很多民众质疑转基因，但农业部长费奥多罗夫今年1月表示要修改相关管理法律，舆论普遍认为是政府要给转基因食品“开绿灯”；英国因为身处欧盟，不得不受法国等“反转基因”力量推动的一些欧盟法规限制，但英国环境、食品与农村事务大臣佩特森近来反复表示，要支持发展转基因，对欧盟在转基因农作物发展落后表示忧虑。

学界支持、民众怀疑、政府想发展转基因又有顾虑，这是当前很多国家的典型状态。对此，英国皇家学会副会长安东尼·奇塔姆对新华社记者说，学界共识与公众态度之间的这种差异，还有待科学界继续加强研究，作出更令人信服的结论。不过，大部分国家还是逐渐被转基因技术所吸引。

机遇不容错失

转基因技术的吸引力在哪里？这就是，很大程度上它可能是全球下一场农业革命的机遇。一个国家如果抓住机遇，将有助于解决粮食安全；而如果错失机遇，在全球人口持续膨胀的背景下，粮食安全很可能受制于人。日本、肯尼亚和巴西就是典型。

日本许多民众都对转基因食品持怀疑态度，但日本的粮食自给率不足50%，如果完全排斥转基因作物，很可能无法进口到足够的谷物，因此日本政府对转基因食品的政策，是严管安全性又放松标识，实际上是不禁止转基因食品在国内流通。

在肯尼亚，2012年政府曾禁止进口转基因食品。禁令生效后，肯尼亚政府下令召回市场中可能流通的转基因食品，称担心长期食用转基因食品会带来健康隐患。但几名议员说，贫困地区的农民已经在种植转基因作物。

肯尼亚国际农业生物技术应用服务组织负责人玛格丽特·卡连布博士认为，世界上已有28个国家超过1.7亿农民在种植转基因农作物，政府的禁令会影响肯尼亚在生物科技领域未来的发展。

巴西是世界重要的粮食和大豆生产国，大豆也是巴西种植面积最大的转基因作物。巴西粮食咨询企业 Celeres 公司的专家费雷里·托雷斯在解释为什么巴西大力发展转基因作物时说，巴西国内尚有上千万人未解决温饱问题，还处在需要吃饱的阶段，因此，“在转基因食品是否危险还未定论时候，巴西不想因此错过这场全球农业技术革命”。

当然，商业竞争也是一个很重要的因素。托雷斯说，转基因作物与普通作物相比有产量高、易管理、生产成本低的明显优势，巴西作为一个农业出口大国，要在国际市场上与发达国家补贴的农产品竞争。为了提高本国农产品的竞争力，开放转基因作物种植是必然的选择。

值得一提的是，中国是巴西大豆和豆油的重要客户，2012年，巴西大豆总产量为 6800 万吨，其中近 2000 万吨出口至中国，贸易额约 80 亿美元。

在转基因技术面前，很多国家已被拉向了机遇一方，但也还有一些国家仍在徘徊、观望、犹豫。能否抓住转基因技术的机遇？如何说服还有顾虑的民众？还要相关各方更多努力。

4 "十二道禁令"能否管好一桶奶
——透视"史上最严"奶粉标准发布

奶粉安全的漏洞和消费者信心的缺失，不仅对国内乳制品行业造成沉重打击，也伤到了国家形象。唯有生产者和监管者齐心协力，用最严谨的标准，最严格的监管，最严厉的处罚，最严肃的问责，方能重振消费者对国产婴幼儿配方乳粉的信心。

婴幼儿乳粉质量安全风险仍存

自2008年发生"三鹿奶粉事件"后，我国密集出台多项政策，旨在提升乳制品质量安全，提振消费信心。但与此同时，当前我国乳制品尤其是婴幼儿乳粉质量安全风险仍存。

国家食品药品监督管理总局副局长滕佳材2013年12月25日说，当前我国婴幼儿乳粉和乳制品质量安全水平总体稳定向好，从近年来风险监测和国内外婴幼儿配方乳粉比较监测的数据分析，国内乳制品质量安全水平有了显著提高，特别是婴幼儿配方乳粉在质量安全指标和营养指标上，最近几年经过努力，我们与进口乳粉没有明显差距。但是也要看到，影响婴幼儿配方乳粉质量安全的因素仍然存在，个别企业钻制度的空子，“打擦边球”的现象也偶有发生，严重扰乱了市场秩序，影响了乳制品产业的健康发展。

> **问题描述：**
>
> 当前我国婴幼儿乳粉和乳制品质量安全水平总体稳定向好，从近年来风险监测和国内外婴幼儿配方乳粉比较监测的数据分析，国内乳制品质量安全水平有了显著提高，特别是婴幼儿配方乳粉在质量安全指标和营养指标上，最近几年经过努力，我们与进口乳粉没有明显差距。但是也要看到，影响婴幼儿配方乳粉质量安全的因素仍然存在，个别企业钻制度的空子，“打擦边球”的现象也偶有发生，严重扰乱了市场秩序，影响了乳制品产业的健康发展。

工业和信息化部消费品司副巡视员高伏曾在2013年6月举行的“全国食品安全宣传周”上介绍，我国婴幼儿乳粉行业产业集中度低，目前全国有婴幼儿配方乳粉生产企业127家，年产量约60万吨，但是年产量在3万吨以上的企业仅有3家。从国内市场看，国产婴幼儿配方乳粉品牌仅占高端产品份额的近25%，国内婴幼儿乳粉行业生产资源、管理资源和市场资源分散，面对新的生产方式变革环境和全球化竞争挑战，凸显适应性不强和企业竞争力弱等短板。

此外，我国婴幼儿乳粉企业在管理规范、现代化管理和基本制度建设等方面良莠不齐，质量安全基础不稳固。部分企业在素质提升、主观自觉方面还比较欠缺。

业内专家认为，消费者信心尚未完全恢复，特别是对国产婴幼儿乳粉仍心存疑虑。中国乳制品工业协会资料显示，2012

年我国共进口零售包装婴幼儿乳粉 9.15 万吨，货值 10.49 亿美元，同比分别增长 16.93%和 1.79%；今年上半年进口 5.6 万吨，货值 6.45 亿美元，同比分别增长 28.53%和 29.07%。从国外捎购婴幼儿乳粉的现象仍然存在。

拒劣　　新华社发 商海春 作

滕佳材说，加强婴幼儿配方乳粉质量安全监管是一项长期工作，只有起点，没有终点。尽管我们做了很多工作，但影响婴幼儿配方乳粉质量安全的因素还客观存在，特别是我国的奶源与国外的相比还有比较大的差距，企业的质量管理整体水平还需要进一步提高。

提升婴幼儿乳粉质量的“组合拳”

近些年来，从中央到地方，从部门到企业都把婴幼儿配方乳粉质量安全作为食品安全的重中之重，制定出台了一系列法律制度和政策措施，目的就是提升乳粉质量，维护乳粉的安全，规范乳粉产业的发展。

> **权威声音：**
>
> 面对人民群众日益增长的乳粉质量安全需求和我国乳粉产业发展的现实要求，有必要通过修订生产许可细则，提升准入门槛，加严监管措施，推动落实企业主体责任和部门监管责任。
>
> **——国家食品药品监督管理总局副局长滕佳材**

除发布《婴幼儿配方乳粉生产许可审查细则（2013版）》外，2013年以来，我国已密集出台了多项针对婴幼儿配方乳粉质量安全的政策，打出质量提升的“组合拳”。

——4月，国务院办公厅印发《2013年食品安全重点工作安排》，提出我国将统筹规划建设食品安全电子追溯体系，统一追溯编码，确保追溯链条的完整性和兼容性，重点加快婴幼儿配方乳粉和原料乳粉等电子追溯系统建设。

——6月，工业和信息化部印发《提高乳粉质量水平 提振社会消费信心行动方案》，督促婴幼儿乳粉企业强化管理，推进产业结构调整，推动企业技术改造，完善标准体系建设。

——6月中旬，国务院办公厅转发了食品药品监管总局等部门《关于进一步加强婴幼儿配方乳粉质量安全工作意见》，提出要高度重视婴幼儿配方乳粉质量安全工作，将其作为抓好我国食品质量安全工作的突破口，全力以赴打一场提高婴幼儿配方乳粉质量安全水平的攻坚战，重塑消费者对国产乳粉的信心。

——8 月，国家食品药品监督管理总局公布各省级食品监管部门批准取得食品生产许可证的婴幼儿配方乳粉生产企业的相关信息，旨在方便社会各界查询，鼓励广大消费者和社会各界参与婴幼儿配方乳粉质量安全监督。

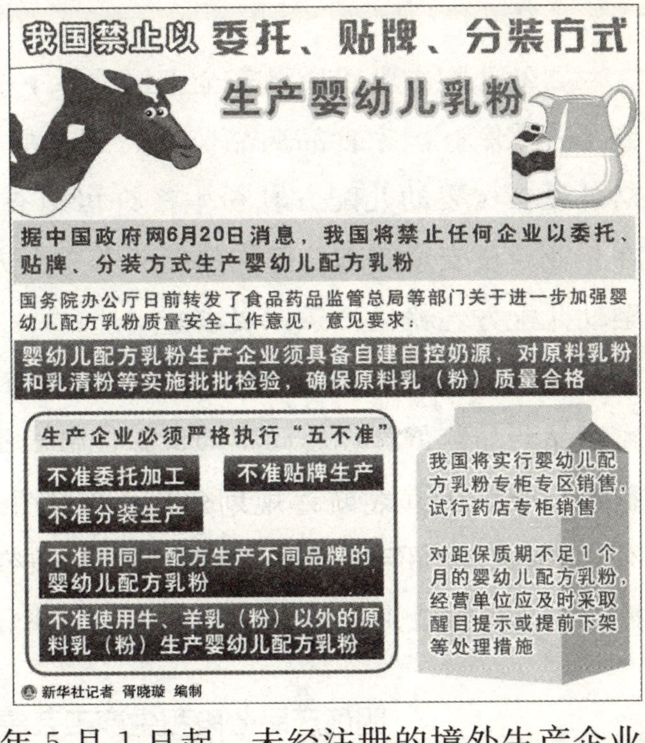

——9 月，国家质检总局发布关于加强进口婴幼儿配方乳粉管理的公告。公告明确，严禁进口大包装婴幼儿配方乳粉到境内分装，进口的婴幼儿配方乳粉必须已罐装在向消费者出售的最小零售包装中。自 2014 年 5 月 1 日起，未经注册的境外生产企业的婴幼儿配方乳粉不允许进口。

——12 月，国家食品药品监管总局接连出台《关于禁止以委托、贴牌、分装等方式生产婴幼儿配方乳粉的公告》《婴幼儿配方乳粉生产企业监督检查规定》《关于开展在药店试点销售婴幼儿配方乳粉工作的通知》和《关于进一步加强婴幼儿配方乳粉销售监督管理工作的通知》。明确婴幼儿配方乳粉经营者应当严格落实质量安全责任追究制度，建立先行赔偿和追偿制度，按照“谁销售、谁负责”的原则对消费者进行赔偿。

“从源头上守住婴幼儿配方乳粉质量安全的底线”

——新版生产许可审查细则透视

婴幼儿配方乳粉质量安全直接关系下一代健康成长，关系到千万家庭。国家食品药品监督管理总局 2013 年 12 月 25 日对外发布《婴幼儿配方乳粉生产许可审查细则（2013 版）》，在企业质量安全管理、原辅料把关等多个方面，进一步提高了婴幼儿配方乳粉生产条件要求。

“确保从源头上守住婴幼儿配方乳粉质量安全的底线。”国家食品药品监督管理总局副局长滕佳材表示，面对人民群众日益增长的乳粉质量安全需求和我国乳粉产业发展的现实要求，有必要通过修订生产许可细则，提升准入门槛，加严监管措施，推动落实企业主体责任和部门监管责任。

明确产品分段和生产工艺要求

针对婴幼儿配方乳粉分段混乱和生产工艺不明确的情况，新版细则明确婴幼儿配方乳粉分为婴儿配方乳粉（0—6 月龄，1 段）、较大婴儿配方乳粉（6—12 月龄，2 段）和幼儿配方乳粉（12 — 36 月龄，3 段）。

同时，为严格生产工艺的要求，新版细则规定了湿法工艺、干法工艺和干湿法复合工艺三种生产工艺的基本流程和审查要求。

一步也不能少　　新华社发 朱慧卿 作

国家乳制品质量检验中心主任、新细则制定工作小组组长姜毓君介绍说，对集团公司采用干湿法复合工艺异地生产并已取得生产许可的情况，给予一定过渡期限进行工艺整改。这些举措将有助于提高婴幼儿配方乳粉产品质量，严控安全风险。

加强原辅料把关

原辅料是婴幼儿配方乳粉安全的第一道关口。新版细则明确，主要原料为生牛乳的，其生牛乳应全部来自企业自建自控的奶源基地，并逐步做到生牛乳来自企业全资或控股建设的养殖场；主要原料为全脂、脱脂乳粉的，企业应对其原料质量采取严格的控制措施，应建立原料供应商审核制度，原料供应商相对固定并定期进行审核评估。

此外，细则明确了乳清粉和乳清蛋白粉、食用植物油、食品添加剂、包装材料和生产用水等质量安全要求，并要求企业对生乳、全脂和脱脂乳粉、乳清粉和乳清蛋白粉等实施批批检验措施，保障原料质量安全。

国家食品药品监管总局食品监管一司司长马纯良说，婴幼儿配方乳粉的产品配方中除有生鲜乳或者乳粉之外，还要使用一定的乳清粉或者浓缩乳清蛋白粉。现在细则要求所有生产婴幼儿配方乳粉的企业，必须建立原料供应商的审核制度，加强对原料的检验，以及对原料使用的记录制度，这都是保证婴幼儿配方乳粉原料质量的重要措施。

新华社评论：

加强婴幼儿配方乳粉质量安全监管是一项长期工作。只有起点，没有终点。婴幼儿配方乳粉质量安全监管是一场持久战，提升消费者信心同样是一场持久战，信心的恢复，需要一个客观过程，更需要企业和监管部门的每一分努力。

乳粉配方需经论证

要兼顾婴幼儿配方乳粉安全和营养的需要，科学合理的配方至关重要。专家介绍，以营养成分含量为例，很多成分并不是越多越好，而是必须科学配比。

新版细则中增加了建立产品配方管理制度等内容，要求企业对产品配方应组织生产、营养、医学等专家，进行安全、营养等方面的综合论证，论证通过并经备案后，才能组织生产，确保其生产的产品质量安全，并满足婴幼儿安全、营养等需要。

细则同时强调，企业应具备自主研发机构和检验机构，配备相应的设备设施和专职人员，能够完成相应的研发和检验工作。除了研发新的婴幼儿配方乳粉产品之外，还要能够跟踪评价婴幼儿配方乳粉的营养和安全，研究生产过程中存在的风险因素，提出防范措施。

姜毓君说，这些措施能促使婴幼儿配方乳粉从产品设计开始就科学合理、营养安全，并有案可查。

全环节实现可追溯

新版细则要求，对婴幼儿配方乳粉生产的关键工序或关键点形成的信息建立电子信息记录系统。消费者应能够从企业网站查询到标签、外包装、质量标准、出厂检验报告等信息。企业要确保对产品从原料采购到最终产品及产品销售所有环节都可有效追溯和召回。同时，新版细则更要求企业建立消费者投诉处理机制，妥善处理消费者提出的意见和投诉。

马纯良说，产品的追溯，就是要对它的历史进行记录，对地点应可查询。企业要从原料的供应商、采购、使用、生产原料的产地做记录，生产过程的每一个环节，每一个风险点或者危害控制点都要进行记录。将记录制度全部履行好、执行好，产品的可追溯也就实现了。

据介绍，上游原奶生产、中游乳粉加工、下游贸易和消费是婴幼儿配方乳粉行业的四大重要环节，而冷链物流贯穿其中。从这些重要环节出发，形成电子信息记录，在乳制品追溯过程中统一“语言”，使各流通节点的信息得以互联互通，形成质量安全追溯链条，变“点监管”为“链监管”、“面监管”，将更有利于加强乳制品质量监管，提高乳制品质量。

四个“最严”能否“管”出一个安全的奶粉？

在新版婴幼儿配方乳粉生产许可审查细则发布会上，一句“细则的公布会否有助于提升人们对国产奶粉的信心，让去香港买奶粉的人减少一些?”的提问，直接指出了国内奶粉质量的痛处。

2008年的三聚氰胺事件，让国产婴幼儿配方乳粉陷入信任“冰点”，甚至成为中国整个食品行业的“痛中之痛”。由于缺乏对国产婴幼儿配方乳粉的信心，消费者纷纷去境外抢购，引发不少国家和地区出台奶粉限购令。

痛定思痛。奶粉安全的漏洞和消费者信心的缺失，不仅对国内乳制品行业造成沉重打击，也伤到了国家形象。唯有生产者和监管者齐心协力，用最严谨的标准，最严格的监管，最严厉的处罚，最严肃的问责，方能重振消费者对国产婴幼儿配方乳粉的信心。

> 严守法规和标准，用最严格的监管、最严厉的处罚、最严肃的问责，坚决治理餐桌上的污染，切实保障“舌尖上的安全”。
>
> ——摘自《2014年政府工作报告》

按照新版细则要求，乳粉生产企业应当着力改善生产环境、改进生产条件，不断完善内部管理制度，切实加强质量自管自控。特别是要认真落实原辅料供应商审核、质量安全追溯、产品配方报告和质量安全授权人等制度，加强原辅料进厂把关，严格生产工艺要求和质量过程管理，加大装备投入，提升检验监测水平，确保用最好的原料、最严的管理，生产出最好的婴幼儿配方乳粉。

对监管者而言，最严密的覆盖全程的监管制度必不可少。除了继续完善监管制度、加大监管力度之外，还应进一步提高监管的公开透明程度，动用全社会的力量实现对婴幼儿配方乳粉从生产源头到流通消费的全程监督。

加强婴幼儿配方乳粉质量安全监管是一项长期工作，只有起点，没有终点。婴幼儿配方乳粉质量安全监管是一场持久战，提升消费者信心同样是一场持久战，信心的恢复，需要一个客观过程，更需要企业和监管部门的每一分努力。

5 大规模保障性安居工程如何“可持续”
——聚焦中国住房保障制度改革

我们是一个人口大国，对住房有着巨大的需求。深化住房制度改革，解决好群众住有所居问题，必须坚持市场化改革方向，发挥市场在资源配置中所起的决定性作用，激发市场活力，满足群众自住性、改善性住房需求；同时，政府必须“补好位”，为那些由于劳动技能不适应、就业不充分、收入低等原因，而面临住房困难的群众，提供能够满足基本需要的住房保障公共服务。

2490 万套保障房的背后

这是一组令人振奋的数据：“十二五”头三年，全国保障性安居工程累计开工建设 2490 万套，已完成“十二五”建设目标的近七成。

这是一项温暖人心的工程：2011 年至 2013 年间，全国累计用实物方式解决 1200 多万户城镇家庭的住房困难。

随着城镇保障性安居工程的大规模实施，我国住房保障取得长足进展，政策体系和组织实施机制日臻完善，越来越多的住房困难家庭得以实现自己的安居梦。

“十二五”前3年均提前完成年度目标

“2013年建设、收购各类保障房16.2万套，竣工8.5万套，超额完成全年计划新开工16万套、竣工7万套的建设任务。”

岁末年初，北京市交出了2013年保障房建设的成绩单，“超额”二字尤为引人注目。

事实上，自2011年以来，我国大规模实施保障性安居工程，在一系列强有力的政策支持下，保障房建设进度顺利，3年来，均提前完成年度目标。

——2011年，1000万套保障房的建设任务前所未有，10月末，全国开工率达100%，提前1个月完成全年目标任务。

——2012年，前10个月，全国城镇保障性安居工程新开工722万套，完成投资10800亿元，基本建成505万套，提前完成年初预定的“500万套”任务。

——2013年，来自住房城乡建设部的最新数据显示，截至11月底，全国城镇保障性安居工程开工666万套，基本建成544万套，全面完成年度目标任务。

住房城乡建设部副部长齐骥说：“总的看，各地认真落实中央决策部署，加大工作力度，这几年城镇保障性安居工程建设进展比较顺利。”

刘仁成安居梦三部曲：上图为刘仁成和老伴在安居工程小区“和兴园小区”看新房（11月7日摄）。中图为目前过渡的租住房（11月7日摄）；下图为正在拆迁的老房子（11月7日摄）（拼版照片）。

政策支持力度加大 制度框架基本形成

一系列强有力的扶持政策，为保障房建设顺利进行提供了有力支撑。

中央财政加大资金扶持力度。3年来，中央财政对各类棚户区改造、公共租赁住房建设、中西部财政困难地区廉租住房建设及保障性安居工程配套基础设施建设给予资金补助，年度补助规模由2011年的1526亿元增加至2013年的1729亿元。

用地予以保障。保障性住房和棚户区改造安置住房建设，用地实行计划单列、优先安排，符合规定的以行政划拨方式供应。

与此同时，国家还实行了税费减免、信贷优惠，鼓励民间资本参与，允许符合规定的地方政府融资平台公司进行专项融资。

更令人瞩目的是，住房保障的制度框架基本形成。据住房城乡建设部住房保障司负责人介绍，住房保障方式分为实物保障和货币补贴。对应不同收入、不同类型的困难群体，实物保障又包括租赁型的公共租赁住房，以及购置型的经济适用住房、限价商品住房、城市和国有工矿（含煤矿）、林区、垦区棚户区（危旧房）改造住房等多种类型。

在实行实物保障的同时，也对在市场上租赁住房的困难家庭发放租房补贴。住房保障对象范围，由城市户籍家庭扩展至常住人口。

这位负责人说，纵观已出台的这些政策，有如下特点：一是紧扣近几年经济社会发展及新型城镇化发展中的阶段性特点、城镇住房矛盾的新变化，努力使住房保障政策体系更健全、适用范围更广，以帮助更多住房困难群体在政府住房保障政策支持下，及早解决住房困难。

同时，针对各地在住房保障实施中的用地难、筹资难、民间资本进入难等瓶颈，不断加强政策指向性，兼顾政策灵活性，帮助地方逐块破题解难，多渠道增加保障性住房供应。

另外，力求住房保障服务体系更加便民快捷。后续管理制度设计上，坚持准入不折腾、退出人性化，切实关注群众解决住房问题的能力和实际的住房需要，努力在住房方面实现好、维护好群众利益。

直面四大挑战 努力实现“住有所居”

这是未来一段时期不可回避的现实：住房供应总体不足局面短期内难以改变，部分城市房价上行压力依然存在。

在新的形势下，我国住房保障面临着诸多严峻挑战。

顶层设计不够。细心的人会发现，我国住房保障政策措施都以规范性文件形式发布，法律约束力不够、有关标准也不明晰。民间资本参与保障房建设运营面临的弹簧门、玻璃门，还没有完全打破。

后续管理需加强。大量保障房建成投入使用，后续管理的问题日益显现，对于人性化退出、完善社区管理和服务、实现可持续运营还面临挑战。

不少地方工作人员反映，住房保障机构设置、人员配备不健全，设备不完善，服务规范不清晰，与日益增加的住房保障对象数量及建立更加便民快捷的住房保障服务体系有较大差距。

另外，我国城镇住房资源供需缺口依然较大，区域性住房资源配置很不均衡，当前及今后一段时期，现实的及潜在的住房保障需求大。

直面挑战，2014年住房城乡建设部将采取一系列新举措，如完善住房保障顶层设计，推动出台《城镇住房保障条例》。把抓建成、促入住作为首要任务，切实推进绿色保障房建设。下大力气推进各类棚户区改造，切实抓好保障房后续管理和信息公开。

住房城乡建设部副部长齐骥说：“健全符合国情的住房保障体系是一项十分复杂的任务。当前，我们要把群众最关心、最现实的利益问题作为切入点，加快推进改革。首先要继续加快推进保障性住房建设和各类棚户区改造，解决保障性住房总量不足的问题。同时要通过改革，使群众更便捷地享受到住房保障制度。”

大规模保障性安居工程如何“可持续”？

随着保障性安居工程建设过程的推进以及供应规模的扩大，建设、分配和管理等重要环节凸显的一些问题，引起了广泛关注。确保保障房这一重大民生工程、发展工程“可持续”，殊为关键。

沉重的“资金杠铃”如何托举？

“由于土地、市政配套、劳动力价格等各方面成本提高，今年大型居住社区内共有产权保障房的平均每平方米成本已超出预测销售基准价格 1200 元，形成明显倒挂。”上海市住房保障和房屋管理局局长刘海生说。

他还介绍，将会同相关部门研究落实今明两年供应的共有产权保障房财政补贴专项资金，以降低其供应价格。目前已落实资金 30 亿元。

建设成本的增加只是考验今年保障房建设资金的问题之一。根据年初公布的计划，今年全国新开工保障房700万套以上，基本建成500万套。住建部公布的最新数据显示，截至6月底，全国保障房开工470万套，开工率为63%，基本建成260万套，完成投资5070亿元。不过，各地的保障房建设“资金链条”也时常处于紧绷之中。

一方面，去年开工结转加上今年新开工的数量，使今年在建保障房的规模达到1800万套左右，有业内人士预计其资金需求量可能达到1.8万亿元—2万亿元。另一方面，土地出让金下降，财政收入增速放缓。此消彼长之间，保障房融资机制创新、融资渠道拓宽已十分紧迫。

近年来，住房公积金贷款、债券融资、信托融资等多方面渠道已逐渐破冰，但由于一些机制性的问题未能完全破解，总体看来与巨大的资金需求相比，尚不“解渴”。

住建部等部门近期发布《关于鼓励民间资本参与保障性安居工程建设有关问题的通知》，提出民间资本可

> 完善住房保障机制。以全体人民住有所居为目标，坚持分类指导、分步实施、分级负责，加大保障性安居工程建设力度，今年新开工700万套以上，其中各类棚户区470万套以上，加强配套设施建设。提高大城市保障房比例。推进公租房和廉租房并轨运行。创新政策性住房投融资机制和工具，采取市场化运作方式，为保障房建设提供长期稳定、成本适当的资金支持。各级政府要增加财政投入，提高建设质量，保证公平分配，完善准入退出机制，年内基本建成保障房480万套，让翘首以盼的住房困难群众早日迁入新居。针对不同城市情况分类调控，增加中小套型商品房和共有产权住房供应，抑制投机投资性需求，促进房地产市场持续健康发展。
>
> ——摘自《2014年政府工作报告》

通过直接投资、间接投资、参股、委托代建等多种方式参与保障性安居工程建设，按规定或合同约定的租金标准、价格面向政府核定的保障对象出租、出售，并明确了一系列支持政策。

公平分配的“生命线”如何守住?

审计署发布的66个市县2011年城镇保障性安居工程审计结果显示，有5个市县的2801套保障性住房被作为商品房对外销售；3个市县的226套保障性住房被挪作他用；32个市县的1.46万套保障性住房闲置半年以上，影响房屋使用效率；37个市县的19.3万套住房超出国家或地方规定的保障房户型面积标准。

“随着大量保障房投入供应，其分配公平的重要性将越来越突出。一旦出现问题，将影响到这一民生工程的生命力。”复旦大学住房政策研究中心执行主任陈杰说。

记者了解到，近年来一些城市建立了居民经济状况的核对机制，通过信息化手段综合掌握居民工资、住房、证券等多种形式的收入情况，从而将一些试图“虚报冒领”的申请者有效甄别出来。

分配后的监管也关乎公平。上海市房管局副巡视员李东介绍，日前经查，都会路2799弄20号一户家庭，违规出租共有产权保障房。目前，住房保障机构已与该家庭约谈，责成其在规定期限内收回出租房，停止违规出租行为。据悉，该家庭已作出书面保证，一个月内收回出租房屋，住房保障机构将继续跟踪具体兑现情况。

日前印发的《国家基本公共服务体系“十二五”规划》明确提出，我国在“十二五”期间将建立健全多部门联动的收入（财产）和住房情况动态监管机制，制定公平合理、公开透明的保障性住房配租政策和监管程序，严格规范准入、退出管理和租费标准。

“无利可图”的供后管理如何运转？

保障房小区建好、分好，如何管好？成都洁兴物业公司共管理着市内3个保障房小区。公司副总经理刘铮以其中的“西蜀瑞苑”小区给记者算账：目前物业缴费标准为每月每平方米1.2元，全年物业收入为66万余元。小区内共有物业员工28人，全年工资支出就要100万元。收不抵支十分明显。据统计，去年洁兴管理的三个小区，收支缺口合计约有130万元。

记者了解到，由于住户均为中低收入群体，保障房小区物业费往往低于市场平均水平，其商业配套设施的开发潜力也相对较小，完全依靠市场化机制实现可持续运转难度很大。

一些保障房物业公司负责人告诉记者，保障房物管是“赔钱买卖”，管理难度和成本比一般小区要高很多，还要缴纳5％的营业税和5.85％的所得税。如果不改变现状，保障房小区要么将是无人肯管，要么就是不好好管。

上海市政府在部署保障房小区管理工作过程中提出：“要在大型居住社区探索镇管社区等管理模式，完善大型居住社区财力保障机制，加强社区‘三个中心’建设，推进国有商业企业入驻，完善物业管理运作机制，强化社区服务功能，加强区域基础设施等建设配套，努力让群众住得安心、放心。"今年以来，为服务、管理好保障房小区，各地进行了积极探索。

近期住房保障制度改革两大着力点：推进廉租房公租房并轨　开展共有产权保障房探索

"要通过改革，使群众更便捷地享受到住房保障制度。"2013年12月8日住房和城乡建设部副部长齐骥在接受记者专访时表示，在住房保障制度改革方面，近期将着力推进两项具体工作：一项是在地方实践的基础上，对廉租住房和公共租赁住房实行并轨运行；另一项是指导地方有序开展共有产权保障房的探索。

> **廉租住房和公共租赁住房并轨运行将给群众带来哪些好处？**
>
> 一是可以方便群众申请。
>
> 二是给群众提供了更大的选择余地。
>
> 三是给在保的住房困难家庭带来了方便。
>
> 四是优先解决收入较低家庭的住房困难问题。

2013年保障性安居工程任务已全面完成

问：您能否先介绍一下城镇保障性安居工程的最新进展情况？

答：党中央、国务院确定了"十二五"时期开工建设城镇保障性住房和棚户区改造住房3600万套（户）的目标任务。2011年和2012年已经开工了1800多万套。2013年，目标任务是基本建成 470 万套、新开工 630 万套，截至 11 月底，已全面完成了这一任务。

总的看，各地认真落实中央决策部署，加大工作力度，这几年城镇保障性安居工程建设进展比较顺利。“十二五”期间 3600 万套目标，前三年已经开工建设 2400 多万套，完成了目标任务的三分之二。从初步汇总各地上报计划来看，2014 年有望开工 600 万套以上。据各地统计，自 2011 年以来，全国累计建成各类保障性安居工程 1500 万套以上。

问：近期公布的《中共中央关于全面深化改革若干重大问题的决定》提出，要健全符合国情的住房保障和供应体系。如何理解这句话的含义？

答：我们是一个人口大国，对住房有着巨大的需求。深化住房制度改革，解决好群众住有所居问题，必须坚持市场化改革方向，发挥市场在资源配置中所起的决定性作用，激发市场活力，满足群众自住性、改善性住房需求；同时，政府必须“补好位”，为那些由于劳动技能不适应、就业不充分、收入低等原因，而面临住房困难的群众，提供能够满足基本需要的住房保障公共服务。

健全符合国情的住房保障体系是一项十分复杂的任务。当前，我们要把群众最关心、最现实的利益问题作为切入点，加快推进改革。首先要继续加快推进保障性住房建设和各类棚户区改造，解决保障性住房总量不足的问题。同时要通过改革，使群众更便捷地享受到住房保障制度。

廉租房公租房并轨为群众提供便利

问：住房城乡建设部、财政部、发展改革委日前发出通知，决定从2014年起各地廉租住房和公共租赁住房并轨运行。这将给群众带来哪些好处呢？

答：廉租住房和公共租赁住房并轨运行，顺应群众意愿，符合各地实际，通过并轨运行会给今后住房保障工作带来积极推动。具体表现在以下四个方面：

一是可以方便群众申请。廉租住房和公共租赁住房都属于租赁型住房，但面向的群体不一样，需要分别申请、分别排队。并轨运行后，整合两种保障性住房资源，建立统一的申请受理渠道和程序，能给群众申请带来方便，提高工作效率。

二是给群众提供了更大的选择余地。原来的两类房源合并成公共租赁住房一类房源后，在分配上给了群众更大的选择空间和自由度。比方说，申请廉租住房，因就业、孩子就学等需要居住在城西，可廉租住房房源在城东，并轨后，申请城西的公共租赁住房就解决了问题。

三是给在保的住房困难家庭带来了方便。按照以前保障房管理，对因收入等情况发生变化的群众，需要退出廉租住房后再申请公共租赁住房保障，这给群众带来了不必要的麻烦。并轨运行后，原廉租住房对象即便是收入提高了一些，通过适度调高租金仍可以居住在保障房中，继续享受保障。

四是优先解决收入较低家庭的住房困难问题。并轨运行后，公共租赁住房的供应对象覆盖最低收入、低收入和中等偏下收入住房困难家庭，分配时将按收入从低到高排序，优先保障低收入住房困难家庭，并对他们实行租金减免政策。收入低的家庭，租金减免多一些，收入高的家庭，租金减免少一些。

共有产权保障房有助解决“夹心层”住房困难

问：近期，部分一线城市推出了“自住型商品房”等新型保障房。对于这类地方政府和保障对象共有产权的保障性住房，住房城乡建设部持何种态度呢？

答：这几年，随着城镇化、工业化的深入发展，不少地方住房供应不能满足需求、房价上涨压力较大，中低收入家庭住房支付能力下降。特别是新就业职工及以外来务工人员为代表的城镇新移民，即所谓的“夹心层”的住房困难问题逐步变得突出。与最低收入、低收入的住房保障对象相比，“夹心层”群众多具有较好的劳动技能，有一定的住房支付能力，只是由于工作年限短、积累少，主要表现为阶段性住房支付能力不足的问题。但是他们渴望拥有自己的住房，实现稳定居住。

为此，一些地方开展了共有产权保障方式的探索。主要做法是，地方政府让渡部分土地出让收益，有的还给予适当财政补助、税费减免，以降低住房的建设成本，然后以低于市场价格配售给符合条件的购房家庭。配售时，在合同中明确共有双方的产

什么是共有产权房？

共有产权房，即中低收入住房困难家庭购房时，可按个人与政府的出资比例，共同拥有房屋产权。房屋产权可由政府和市民平分，市民可向政府“赎回”产权。共有产权房自2007年起在江苏省淮安市进行试点，该模式已在江苏省其他地区获得了推广。

权份额及将来上市交易的条件和增值所得的分配比例。

从一些城市的实践来看，发展共有住房，在政府的支持下，充分发挥市场作用，能够调动群众依靠自己努力改善住房条件的积极性，有利于加快解决群众住房困难。同时，发展共有产权保障房，符合公平、效率原则，可以避免陷入福利陷阱，有利于保持或激发社会的活力。下一步，我部将指导各地有序开展共有产权保障的探索，完善产权分配和上市交易收益调节机制，切实消除牟利和寻租空间。

多地试点共有产权保障房，力破“夹心层”住房难题

住房和城乡建设部日前表示，将在住房保障制度改革方面，着力推进廉租房与公租房并轨运行，以及有序开展共有产权保障房的探索。专家认为，此番改革将对低收入群体住房保障体系的完善有积极意义，尤其是对解决“夹心层”的住房难题的一大重要探索，未来的住房保障制度改革，仍要坚持市场与政府的有效统一和相互配合。

住建部推共有产权房　廉租房公租房明年并轨

住房和城乡建设部副部长齐骥表示，在住房保障制度改革方面，近期将着力推进两项具体工作：一项是在地方实践的基础上，对廉租房和公共租赁住房实行并轨运行；另一项是指导地方有序开展共有产权保障房的探索。

其中，住房城乡建设部、财政部、国家发展改革委近日下发《关于公共租赁住房和廉租住房并轨运行的通知》，决定从2014年起，各地公共租赁住房和廉租住房并轨运行，将从统筹建设、统一受理、统一轮候原则和完善租金定价机制等四个方面推进。

专家认为，廉租房公租房并轨运行有利于提高效率，避免房源闲置浪费。目前，上海、合肥、石家庄等特大型城市和省会城市已经开始进行“公租房并轨”试点工作。

与此同时，住建部此次还将开展共有产权保障房的探索。从一些地方的探索经验来看，主要做法是地方政府让渡部分土地出让收益，有的还给予适当财政补助、税费减免，以降低住房的建设成本，然后以低于市场价格配售给符合条件的购房家庭。配售时，在合同中明确共有双方的产权份额及将来上市交易的条件和增值所得的分配比例。

齐骥表示，下一步，将在各地有序开展共有产权保障探索的基础上，完善产权分配和上市交易收益调节机制，切实消除牟利和寻租的空间。

住房改革力破“夹心层”住房困难

在商品房价格屡调屡涨的背景下，保障性住房对于维持社会公平、保障低收入群体的利益无疑具有重大意义。住建部政策研究中心副主任张锋表示，廉租住房和公共租赁住房是保障性住房的重要组成部分，对满足城镇中低收入住房困难群体的基本住房需要发挥了重要作用。

此次廉租房和公租房的并轨，在北大房地产研究所教授陈国强看来，这是大势所趋，二者并轨能有效降低人员费用，节省管理成本，简化管理流程，两者之间套型面积、户型设计等方面也可简化统一，对未来保障房建设和相关制度的完善，具有积极意义。

值得注意的是，随着我国城镇化、工业化的深入发展，以新就业职工和外来务工人员为代表的“城镇新移民”，成为城市里中低收入的“夹心层”。与最低收入、低收入的住房保障对象相比，“夹心层”多具有较好的劳动技能，有一定的住房支付能力，只是由于工作年限短、积累少，导致阶段性住房支付能力不足，但是他们渴望拥有自己的住房，实现稳定居住。

然而，城市里的这部分“夹心层”却是处境尴尬，面临着更大的难题，他们既不符合廉租房的申请条件，又买不起普通商品房，他们的住房困难变得越来越突出。

此番在住建部的指导下，开展共有产权房的改革探索，就是为了在更大范围内解决“夹心层”的住房难题。共有产权是购房人和政府按一定的出资比例占有产权，产权主体多元化，购买人收入增加后，可出资购买政府部分产权，目的在于降低门槛，减小购房者的购房压力，保障更多“夹心层”群体。

市场配置政府补位　护航住房保障制度改革

据国家信息中心和社会科学文献出版社联合发布的经济信息绿皮书《中国与世界经济发展报告（2013）》预测，明年我国房地产市场整体将保持小幅增长，预计全年房价的涨幅在5%左右，考虑到2013年的翘尾因素，2014年上半年的房价指数可能会在8%以上。

在房价仍是以“涨”为主的趋势下，以市场化改革为方向，建立覆盖全面的住房保障体系显得尤为重要。随着改革的不断深入，我国保障性安居工程也不断取得新进展。

据了解，对于国务院定下的，“十二五”时期开工建设城镇保障性住房和棚户区改造住房3600万套（户）的目标任务，2011年和2012年已经开工了1800多万套。2013年，目标任务是基本建成470万套、新开工630万套，截至11月底，已全面完成了这一任务，2014年，有望开工600万套以上。据各地统计，自2011年以来，全国累计建成各类保障性安居工程1500万套以上。

保障性住房建设顺利，但我国低收入、“夹心层”等群体十分庞大，保障住房的总量仍显不足，还需通过住房保障制度的进一步改革，解决各阶层的住房需求。

对此，齐骥表示，深化住房制度改革，必须坚持市场化改革方向，发挥市场在资源配置中所起的决定性作用，激发市场活力；同时，政府必须“补好位”，为面临住房困难的群众提供能够满足基本需要的住房保障公共服务。

共有产权住房：能否探索出住房保障新路?

开创保障房新模式的共有产权房如何完善制度设置，避免踏入经济适用房“福利院”“权利房”的歧途？这是当前广大干部群众关注的问题。

共有产权房在全国铺开

住建部日前表示，住房保障制度改革将推进廉租房公租房并轨和开展共有产权保障房探索。保障对象根据自己的条件购买保障性住房一定比例的产权份额，地方政府持有保障性住房的另一部分产权，这就是共有产权保障房。上海、山东、甘肃、江苏淮安等地已先后开始尝试这种共有产权保障房的建设。

从当前的实践来看，主要做法是地方政府让渡部分土地出让收益，有的还给予适当财政补助、税费减免，以降低住房的建设成本，然后以低于市场价格配售给符合条件的购房家庭。配售时，在合同中明确共有双方的产权份额及将来上市交易的条件和增值所得的分配比例。

上海市提出，将共有产权房申请门槛从家庭人均可支配收入每月 3300 元放宽到 5000 元。此前，上海共有产权房申请家

分担　　新华社发　朱慧卿　作

庭人均月可支配收入的标准已从试点期间的 2300 元，先后放宽到 2900 元、3300 元。截至目前，上海共有产权房累计购房家庭 5.2 万户。

安徽省宣城市开展了棚户区改造安置房的共有产权制度试点，对棚改安置房超出原有住房面积的部分，居民既可以通过购买来获得房屋全部产权，也可缴纳租金从而只享有部分产权。目前，安徽计划推广这种模式，探索建立健全棚户区改造安置住房的共有产权制度，符合条件的城市低收入家庭可购买部分棚改房产权。

“有了共有产权房，我们这样的‘夹心层’就可以实现买房梦了。”今年 32 岁的刘杰告诉记者。他们夫妻都在武汉的小型民营企业工作，收入不高，属于中等偏下水平。“我们既不符合条件住公租房，又买不起房，共有产权房让我们看到了希望。”

共有产权房与经济适用房制度有何区别?

共有产权房与曾执行多年又屡屡曝出丑闻的经济适用房制度有何区别?

与经适房存在的源头审批和套利漏洞不同，住建部有关人士表示，共有产权房不仅可以保持其保障房属性，而且，即使住满5年后上市转让，购房者也要优先转让给共有产权人，也就是地方政府，由政府按市价购买产权获得完整产权。

按照约定，上海当地政府占共有产权房30%—40%的产权，60%—70%的产权归个人。由于产权收益共享、补缴差价等因素，使得溢价大幅缩小，杜绝了共有产权房的寻租现象。北京近日也明确规定，自住型商品房为“共有产权性质”，购买后，原则上5年内不得转让；5年后转让的，按照价格差价的30%交纳土地收益等价款。

同时，保障房从“完全产权型”转向“共有产权型”，有利于地方政府积蓄财政实力和制度保障来推进保障房建设，也有利于让市场介入、发挥市场作用。中国指数研究院华中市场总监李国政认为，当前的保障房建设模式，政府提供了财政补贴、出让金优惠等支持。而共有产权房实际上是把这些支持以共有产权的形式明确下来，使住房保障政策更加法治化。

李国政分析，通过在市场上出售或由保障对象购买政府持有的部分产权，政府能够回收土地等各种增值收益，有利于后续保障房建设的投入，使更多的人得到住房保障。

此外，共有产权保障房所面向的保障人群是真正的中低收入“夹心阶层”。这一群体工作单位与家庭收入更加固定，事业上升度高，相关政府部门对其的监管更加有效。

全面推广还需完善收益模式

住建部副部长齐骥近日表示，将在各地有序开展共有产权保障探索的基础上，完善产权分配和上市交易收益调节机制，切实消除牟利和寻租空间。

中国人民大学公共政策研究院教授毛寿龙表示，这种模式更适合快速发展的地级市，房价相对较低，可以参照商品房定价。但在北京、上海等房价较高的一线城市，共有产权房如何定价才能既让中低收入阶层买得起，也没有牟利空间，是需要解决的问题。

李国政认为，要完善共有产权房的上市回购定价模式，若政府出资回购受助者产权，要确定一个合理的回购价格。

上海市房地产科学研究院副院长徐益超指出，随着共有产权房大量入市，完善准入和退出机制的重要性将日益紧迫突出，应不断加强申购审核、售后监管和后期退出等工作，压缩利益空间，确保保障房资源的循环利用，并通过公积金、房贷等方面的政策创新和倾斜，使更多住房困难家庭“圆梦”。

6 科学治堵路在何方
——聚焦中国城市交通管理

近年来，交通部门为治堵想了很多办法。想要找到好的“治堵妙计”，需要科学的“顶层设计”，摸索出一套科学、民主的决策流程。从长远看，中国的大城市“治堵”应逐步淡化行政强制手段，过渡到用市场化手段和吸引市民主动参与以实现出行习惯的调节。行政作为救济的过渡性政策不宜长期存在，一味收费也不是真正的市场化科学管理。法治取向、全国视角、民生关切，相关部门应该兼顾这些角度审慎思考，解好交通管理这道复杂的难题。

京沪两地研究征收拥堵费引争议

关于“北京、上海正在研究征收拥堵费”的消息不仅引起了两座“大堵市”市民的普遍关注，也引发了全国其他城市群众的“效仿”担忧。拥堵费能否治愈城市“拥堵顽疾”？

“限招”频出依然难逃交通拥堵

从分区域“限行”到全路段“限号”、从摇号式“限牌”到高收费“限停”，再到限外地车进城……面对城市“拥堵之殇”，全国各地“限招”频出。

尽管如此，多数城市却未能逃脱交通拥堵的困境，甚至有的城市已从偶尔拥堵发展成日常拥堵，从个别路段拥堵演变成全城皆堵。在私家车保有量排名前4位的北京、上海、广州和成都，上下班高峰期绵延在各条道路上“见首不见尾”的车流，早已成为这四大“堵城”的常态。

数据显示，北京市今年上半年交通拥堵指数是5.0，比去年同期增长6.4%，工作日路网的平均拥堵时间是100分钟，比去年多了30分钟；今年以来，成都市早晚高峰有83%道路和86%路口拥堵严重。

不仅如此，这种拥堵窘况正在由中心城市向中、小城市蔓延。记者近日在四川、重庆、黑龙江等经济相对欠发达的多个市、县采访发现，工作日早晚高峰时段，城区几条主干道也会出现不同程度拥堵，20多分钟才能过一个路口的情况时有发生。

更为严峻的是，在拥堵愈加严重的情况下，我国机动车保有量仍在迅猛增加。公安部交管局统计数据显示，截至2012年底，全国机动车保有量已达2.4亿辆，同比增长1500万辆，汽车驾驶人年增长2647万人，首次突破2亿人。北京更是在短短两年内就实现了机动车保有量就从400万辆到500多万辆的“飞跃”。

拥堵费能否治愈交通“梗塞”？

近年来，我国机动车保有量快速增长，加之市民对私家车依赖度较高，与有限的道路资源之间的矛盾日益尖锐，是造成交通拥堵的最直接原因。

“市民对私家车依赖度高，也折射出其使用成本较低的现实。”北京市建筑设计研究院城镇建设设计所所长张根说，“征收拥堵费确实能提高机动车的使用成本，但目前来看，这很难取得理想效果。”

张根表示，一方面，拥堵费不会对数量庞大的公车产生任何影响，因为公车的使用成本都将由公共财政支付；另一方面，对于“不差钱”的高收入群体来说，拥堵费也只是“九牛一毛”，调控作用极为有限。

“另外，由于公交系统尚不完善，私家车缺乏可替代性，即使提高使用成本，也很难降低市民对私家车的依赖度。”张根说。

事实上，用收费的方式治理交通拥堵已被多次证明并非良方。北京、成都市区停车费成倍上涨，上海私家车号牌拍卖费已经飙升到近10万，但这些城市的机动车保有量增长仍然迅猛，交通也越来越拥堵。

“目前还远没到非收拥堵费不可的地步。”重庆交通大学教授黄承锋表示，我国不少大城市在基础路网建设、公共交通设施等方面都还有很大的提升空间，应该在这些方面多下功夫，而不是采取“头疼医头，脚疼医脚”的方法。

黑龙江省社科院研究员赵瑞政说，不去认真研究造成交通拥堵的深层原因，就试图通过收费来治堵，这不但是一种典型的“懒政思维”，还会加剧社会不公。“很可能将城市公共道路资源变成高收入者和公车的‘VIP区域’。”

正在准备购车的北京市民陶明说，私家车主在购车和用车过程中已支付了购置税、车船税、燃油费、停车费等高额的费用，其中已包含了城市建设、交通管理的费用。“如今若再征收拥堵费，不但很难有效治堵，甚至有横征暴敛之嫌。”

诊治“拥堵顽疾”更需便捷的公共交通

重庆交通大学教授黄承锋表示，有关部门要摒弃“懒政思维”，首先对城市道路的常见“堵点”进行认真调研，并出实招对其进行改造、疏通，如修建过街天桥、地下通道等人行设施、拓宽道路等；为缓解中心城区交通压力，还可对私家车辆实行分时段限行，但同时要兴建大型换乘点，让私家车主在限行时段能在此停车，并换乘公共交通工具。

此外，还应大力打造便捷畅达的公共交通系统。张根说，缓堵的关键是改善出行结构，国外成功经验已多次证明，完善的公共交通是治堵政策的有力支点。“目前全国各城市的公共交通设施距离方便、快捷、舒适的要求仍然存在较大差距，在这种情况下，很难让私家车主选择公共交通。”

调查数据显示，目前北京公共交通平均出行速度不到小汽车速度的一半，公交、地铁等公共交通设施的换乘还不能实现非常便捷，完成一次公交出行平均需要66分钟，其中约20分钟花在换乘的路上。

上班之路　　新华社发 朱慧卿 作

黄承锋表示，公共交通要达到方便快捷，就要尽可能减少乘客在乘公交车时的步行、候车、换乘时间，这就要求增大公交网的密度，缩小发车间隔，同时加强公交换乘枢纽的建设。

四川省社科院社会学研究员胡光伟建议，政府可出台相关政策，引导、鼓励企事业单位购买或租赁公共交通工具，用作职工上下班班车，有效减少职工私家车的使用频次。

"按照国外的成功经验，全国各大城市在兴建轨道交通、快速公交的同时，还可发展公共自行车系统，并将其纳入公共交通体系，以解决快捷交通覆盖面不足和短程交通不便等问题。"胡光伟说。

征收拥堵费，公众为何闻"费"色变？

随着城市交通矛盾升级，北京、上海、广州等特大型城市日趋陷入“堵城”困境，多地传出研究拥堵费征收，引发广泛关注。

政府有收费冲动，公众却陷入闻“费”色变的焦虑之中。公共政策制定，有无征求民意、吸纳公众智慧？收了费，是否就能空气清新、道路畅通？如果收费成效不明显，比起优先收费，是否还有更紧要的问题需要优先解决？

从限牌、限行到收费，职能部门多是“一锤定音”

2013年9月2日，北京市发布“清洁空气行动计划”，征收交通拥堵费提上日程。收费治堵的决策方式，引发诸多争议讨论。

赞成者认为，作为拥有超过530万辆汽车的首都，拥堵收费能够降低车辆使用强度，缓解交通拥堵。但更多人陷入一种“收费焦虑”。导致拥堵的到底是什么原因？收费又能起多大作用？如果作用不大，收费的依据又不能公开透明，收费可能沦为自肥的工具。

早在2010年，面对日益严峻的“堵势”，就有广州市政协委员提议征收拥堵费；为此广州市交委多次提出要对收费进行调研，但频频引发舆论强烈反对。至今，广州尚无收费时间表。

全民为拥堵交费买单，地方政府部门不因管理和规划过失担责，反而因此得到收费奖励。难道还要鼓励政府不作为、乱收费？这是很多广州市民反对的重要原因。

十多年来，国内“以卡为主”的治堵政策不断出台，如今北上广等一线城市全部实施了限购政策，很多购车者只能望“牌”兴叹；在控制车辆使用方面，不少城市不同强度实施了限行、限外等措施；提高停车费、加大外牌交通执法等各种市场、行政治堵措施也并不少见。

但记者梳理发现，多年来，从限牌到限号等治堵政策出台，听取社会意见、公开制定过程的少，政府职能部门一锤定音、迅雷行动的多，走听证程序的更是凤毛麟角，仅有广州“限外”措施进行了听证。

专家指出，收取拥堵费这样针对长期过程的治堵措施，几乎涉及所有交通参与者。该不该、能不能收，理应公开制定政策，充分听取吸纳民意，让政策制定部门和市民都充分参与讨论，把问题想细、想透、想清楚。如果政府“拍脑袋”定政策，程序有疏漏，公众难免有意见。

而在开征拥堵费的背后，公众和专家也解读出城市管理者暴露出的收费冲动。一些市民认为，以收费治堵，是否合理，仍待厘清。

北京车主韩先生表示，买车交税，用车还交费，中国车主的税费负担居世界前列。目前全国都在提倡“费改税”，现在还要再新增行政收费，是不是重复收费？

再者，社会抚养费、交通罚款、机场建设费等，征收时理由多多，到了信息公开又遮遮掩掩，再要征收社会拥堵费，如何让人信服？

号脉全球“堵城病” “卡限”并非唯一药方

“拥堵费”为何日益受到国内一些政府部门的关注？既能收费，还有治堵先例可供借鉴。自从上世纪70年代新加坡首开收费措施，英国伦敦、瑞典斯德哥尔摩和美国纽约等“超级堵市”也纷纷效仿。

但一个容易为人忽略的事实是，虽然国内外城市汽车保有率都不低，使用效率却差别很大。国内汽车行驶里程多、行驶速度低，交通精细化管理和城市轨道建设的潜力并未挖尽，而国外则是在公共设施配套相当完善、近乎无招可用之后，才收拥堵费。

专家指出，病症因城而异，拥堵费也并非包治百病。征收拥堵费的前提是公共交通便捷，相关配套完善，以此引导公众绿色出行。

> **权威声音：**
>
> 交通拥堵不仅是简单的交通发展问题，从城市规模、功能结构、产业布局、公共服务以及城市管理方面，都能找到交通拥堵的深层次原因。
>
> **——北京市副市长陈刚**
>
> 从源头上缓解交通拥堵问题，必须进一步优化城市功能空间布局，控制中心城区建设增量，尽快制定中心城区功能疏解的行动计划，提升新城产业功能和公共服务设施水平。同时，要坚决淘汰与首都功能和发展目标不匹配的产业。
>
> **——北京市人大城建环保委员会主任委员郭普金**

目前，国内大型城市的人口规模和规划尺度不断扩张，大量年轻市民居住在郊区，工作在城区，对通勤交通便利化需求巨大，但公交配套远未跟上。以上海为例，小汽车日均行驶里程超过38公里，使用强度远超世界发达国家水平。在这个意义上，汽车对于多数市民的意义在于代步所需，远非奢侈用具。

尚未疏通、率先开堵，如果贸然单向开启收费“堵”，不仅堵不住私家车使用，反而会增加公众负担。

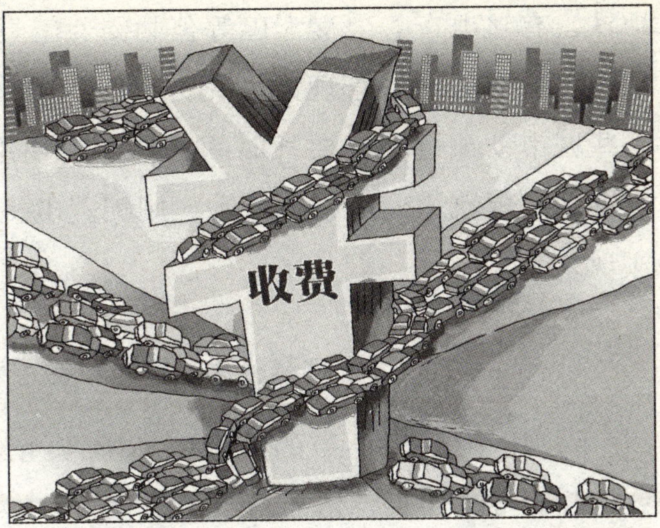

立“竿”见影？ 新华社发 谢正军 作

专家指出，征收拥堵费作为治理交通拥堵的最后一招，是“双刃剑”，不仅造成公众负担，阻力很大，轻易动用也有懒政之嫌。

专家建议，要治病，应该先健身，挖潜力，采取公共交通优先、政府机关率先带头的办法，不是着急化疗，让全社会为拥堵买单。

家住西五环附近，在二环内菜市口附近上班的北京市民崔先生告诉记者，“听到拥堵费政策要出台，就像又挨了一刀。”想坐公交，但实在太不方便。从家走到地铁站20分钟，地铁站走到单位20分钟，仅仅两头就得用掉40分钟。开车，20多分钟就到单位了。

“如果不让吃肉，总得给点大豆吧？但目前公交不完善，收了拥堵费，我还是只能选择开车，那除了在老百姓身上又‘刮层油水’，还有什么意义呢？”崔先生说。

在世界范围内，大都市治堵也并非只有开征拥堵费一剂药方。地少人多车多的香港，通过管理科学、设计人性的良方，也造就了交通相对通畅的城市环境。这与90%香港市民选择地铁、有轨电车、公交大巴等公共交通工具出行功不可没。

在交通规划和管理人性化方面，香港的经验更值得借鉴。一些城市动辄过马路要长时间等红灯、换乘地铁要走上千米，香港则实现轨道交通同台换乘，用配置电梯的天桥和空中走廊实现人车分流。

优先完善公交　后打收费主意

纵观国内层出不穷的治堵“高招”，堵的多、疏的少，多数是政府主动作为，依靠行政力量推行。一些专家解读，征收拥堵费的动议，是对这种卡、限、堵、收式传统管理模式的延续和升级版本。

但专家指出，征收拥堵费作为治理交通拥堵的最后一招，是“双刃剑”，不仅造成公众负担，阻力很大，轻易动用也有懒政之嫌。

专家建议，要治病，应该先健身，挖潜力，采取公共交通优先、政府机关率先带头的办法，不是着急化疗，让全社会为拥堵买单。

> **专家意见：**
>
> 有关部门要摒弃“懒政思维”，首先对城市道路的常见“堵点”进行认真调研，并出实招对其进行改造、疏通，如修建过街天桥、地下通道等人行设施、拓宽道路等；为缓解中心城区交通压力，还可对私家车辆实行分时段限行，但同时要兴建大型换乘点，让私家车主在限行时段能在此停车，并换乘公共交通工具。
>
> ——重庆交通大学教授黄承锋

中国道路运输协会秘书长王丽梅表示，北京的黄标车超过100万辆，1台黄标车的排污是普通车辆的几倍。应该加快黄标车取缔力度，对不同车辆实施差别化管理，让对污染贡献大，对公共资源占用多的车辆支付更高成本。

城市交通拥堵，堵点是顽疾。清华大学交通研究所副研究员杨新苗等专家介绍，以北京为例，如果政府通过精细化管理和部分线路调整措施，解决西客站、西直门、国贸等交通堵点，控制单位时间单位区域的车流量，提高驾驶员的技术培养和驾驶公德，减少违规占道、超车等，可以提高10%至20%的通行效率。

纵观世界上人口密度大的城市，道路资源均不能适应小汽车高增长、高强度使用的模式，必须以优先发展公共交通作为缓解交通拥堵最根本的手段。

对此，一些专家表示，发展公共交通，政府应该率先示范。我国公车数量很大，使用强度远超私家车，对价格杠杆不太敏感，即使收了拥堵费，也难挡公车车轮“疯转”。政府应该率先削减公车，降低使用频次，领导干部带头乘坐公共交通工具出行。

大城市需科学治堵破困局

治理城市拥堵，与限购、拥堵费等政策相比，当前关键需要对城市及汽车产业发展有一个整体规划，从根本上破解城市发展困局。

汽车业已步入“十字路口”

作为引发城市拥堵的主角，我国汽车业在告别年均增速超20%的高增长时代后，从去年起“微增长”特征明显，这让不少业内人士感到焦虑。

据中国汽车工业协会提供的数据显示，今年1月—6月汽车产量1075.17万辆，同比仅增长12.8%；1月—6月汽车销量1078.2万辆，同比增长12.3%。这一增速已大不如前。

“未来10年，我国汽车产业仍将是消费热点和经济增长点，在8年内汽车行业将保持12%以上增长幅度。”中国国际经济交流中心常务副理事长郑新立对汽车产业充满信心。

但不可避免，在市场日渐饱和与地方限制性政策驱动下，中国自主品牌汽车恐面临新一轮洗牌。在日益充分的市场竞争环境中，部分企业被淘汰与兼并在所难免。广汽集团副总经理姚一鸣指出，中国汽车及零部件产业的核心技术掌握情况仍不乐观。在中国汽车业做大做强的道路上，努力掌握核心技术将是重要一步。

> **专家意见：**
>
> 限行、限购确实能起到立竿见影的效果，但治标不治本。
>
> ——中国汽车技术研究中心主任赵航
>
> 政府部门对于城市治堵的决策应少一些政治化、追求迅速效果，更多地考虑综合成本及社会公平。在城市交通治理中推进信息技术手段就是一种思路。
>
> ——中国汽车工业协会常务副会长兼秘书长董扬
>
> 可以建立电子收费系统，让收费数额、流程、流向公开透明，提高停车收费政策的社会认可度。
>
> ——清华大学交通研究所副研究员杨新苗

与增速放缓相比，我国汽车业面临的汽车社会瓶颈变得越来越突出。从限行令、限购令，到各地停车费普遍上涨、汽油价上涨，驾车的便利性受到很大限制，而且成本不断提高。

“采取措施加以限制、治理应该都是可以理解的，可为什么每一项政策管用的时间都不是特别长，反而越治越堵呢?”一位普通市民向记者吐露心中的疑惑。

拥堵费若开征效果存疑

“如果征收了拥堵费开车上路还是堵，收费部门是不是应该为没有实现承诺退我钱?”北京市民曹磊开玩笑说。

事实上，北京先行公布的清洁空气行动计划中，拥堵费的征收最为引发社会关注。北京市环境保护局机动车排放管理处处长李昆生说，北京的空气行动计划任务分解已经提前公布，一共有 84 条，跟机动车相关的一共是 22 条。“在政策设计上，主要是逐步提高车辆的使用成本，包括交通拥堵费的设置，同时重点调整使用频率高、使用时间长、行驶里程多的行业车辆结构。”

正如市民曹磊所担心的，北京市的计划中提出了研究征收交通拥堵费、扩大差别化停车收费区域范围等，这就意味着驾车出行成本将进一步提高。市民普遍担心，这对缓解拥堵效果能有多大，额外收取的费用支出又能否做到公开透明?

为了证明提高停车费征收的效果，在 2011 年北京市提高停车收费标准后，北京市交通委 2011 年 10 月公布的数据显示，停车价格调整半年来，路内、路外停车场每车位平均停放车辆数分别降低了12%和19%，小客车进入中心城区流量下降12%。

记者在北京西单街边采访驾车出行市民时，他们大都表示，在公共交通出行不够便利、打车难的背景下，并不会因为停车费上涨而改变太多驾车习惯。至于拥堵费征收，有车主认为，公车保有量巨大，而且对出行成本上涨并不敏感，征收拥堵费只能是更多地限制私家车，这其实并不公平。

北京交通发展研究中心主任郭继孚说："限购开始后，一个月限2万辆车，一年24万辆，是5%的增长率，而北京市一年道路长度和道路面积增加不到1%。"从这种矛盾看，由于治标不治本，城市拥堵仍旧在所难免。

多措治堵还需决策科学

从末端入手解决城市拥堵现在看来并不是一个好思路，专家及公众期望建立一套完善、合理、系统的制度，特别是从根本上对城市及汽车业制定一套整体规划。

中国汽车技术研究中心主任赵航尖锐地指出，限行、限购确实能起到立竿见影的效果，但治标不治本。"北京有超过五百万辆机动车，但企事业单位的停车位在200万个左右，本身就缺口很大，每天车位的建设速度赶不上车辆增长的速度，缺口越来越大。"

而在中国汽车工业协会常务副会长兼秘书长董扬看来，政府部门对于城市治堵的决策应少一些政治化、追求迅速效果，更多地考虑综合成本及社会公平。在城市交通治理中推进信息技术手段就是一种思路。

清华大学交通研究所副研究员杨新苗建议，可以建立电子收费系统，让收费数额、流程、流向公开透明，提高停车收费政策的社会认可度。

发改委综合运输研究所所长郭小碚对于城市轨道交通寄予厚望。目前，国内多数大城市公交出行比重不足30%，北京、上海、广州不足40%。公共交通设施不足是造成拥堵的根本原因之一。

他表示，城市轨道交通运量大、速度快，应当成为未来城镇化建设中的一项重要举措。“到2020年，我国人口在千万级以上城市可能会超过20个。这种城市仅都靠轿车解决交通肯定不现实。从城镇化角度看，发展轨道交通具有现实意义。”他还指出，发展轨道交通要多元化，地铁、轻轨、有轨电车都可以考虑。

通过税制改革，“宽进严出”引导汽车消费也应当成为方向之一。发改委产业协调司机械装备处处长李刚呼吁，一方面降低买车门槛，另一方面提高用车门槛，在鼓励消费的同时解决一些用车中的问题。

无论采取何种措施，最根本的还是科学决策，对城市发展作出科学合理规划，统筹考虑城市道路、停车位、新建小区等，避免“摊大饼”式无序扩张，去除“大城市病”诱发的土壤。如此城市生活才会更美好。

从城市宏观层面看治堵调控的缺失

众多专家表示，治理城市交通拥堵“顽疾”，仅采取机动车限行、提高停车费、摇号中签等“打针吃药”的措施是不够的，还要从调整城市规划、控制机动车总量等宏观层面“动手术”，才能走出越治越堵的“死胡同”。

政经文卫资源，投放过度集中

北京市民孙先生家住朝阳区东四环外，孩子在二环内东城区的小学上学，每天上班和接送孩子，他都要开车在市区来回穿行好几趟，饱受堵车之苦。孙先生无奈地说：“我也不愿这么折腾，但好学校都在市中心，有什么办法呢?”

北京市政府公布的数据显示，从2003年到2011年，北京中心城区人口由870万人增长到1230万人，建设规模增加了30％；73％的就业、90％的优质医疗和教育资源集中在中心城区内；约80％的机动车出行集中在六环路以内地区。

北京城六区仅占全市8.3％的市域面积，却集中了全市60％的人口、70％以上的经济总量、90％的三甲医院和优质教育资源——来自北京市人大常委会的信息显示，人口、车辆过快增长，城市功能过度聚集，是北京市交通拥堵的深层次原因。

专家指出，许多年来，北京城市发展的重心一直围绕旧城中心地区以“摊大饼”的方式展开，各类行政、经济、文化、教育、医疗等资源，投放过度集中，导致中心城区“不堪重负”。

“科学的城市规划能有效降低人们的交通出行需求。”南京工业大学建筑与城市规划学院教授蒋伶表示，从国外经验看，一个城市多个中心能有效降低交通出行总量。大城市应构建城市级、地区级、社区级等多中心体系，分级满足人们的日常需求，实现交通减量化。

北京市人大城建环保委员会主任委员郭普金提出，从源头上缓解交通拥堵问题，必须进一步优化城市功能空间布局，控制中心城区建设增量，尽快制定中心城区功能疏解的行动计划，提升新城产业功能和公共服务设施水平。同时，要坚决淘汰与首都功能和发展目标不匹配的产业。

“交通拥堵不仅是简单的交通发展问题，从城市规模、功能结构、产业布局、公共服务以及城市管理方面，都能找到交通拥堵的深层次原因。”北京市副市长陈刚坦言。

道路资源有限，汽车总量难控

业内人士认为，交通拥堵的源头是机动车总量快速增长，拥堵现象从一线城市向中小城市蔓延。据测算，目前兰州市道路交通密度高达每公里 628 辆，是香港、深圳的两倍以上。

数据显示，北京市小汽车年均出行 1.5 万公里，是伦敦的 1.5 倍、东京的 2 倍多，直接给城市交通带来巨大压力。

“修路的数量跟不上车辆增加的数量，政府部门还有很多欠账要补。”北京交通发展研究中心主任郭继孚认为，即便北京实施了汽车限购措施，但每年新增汽车达10万～20万辆，这意味着每年有5%左右的增长率。相比之下，全市道路里程每年增加不足1%。

清华大学交通研究所副研究员杨新苗说：“实施单双号限行措施，一个直接后果就是一个家庭会去买第二辆车，路上的车并没有减少。”

“汽车跟孩子一样，一旦生出来再限制，就晚了。”杨新苗说，据测算，城市人口与汽车数量保持在10∶1左右，交通状况比较好，比如香港的机动车为70万辆左右。“各个城市应根据道路承载量，对汽车保有量进行总量控制，防止无序增长。”

城市规划滞后，加剧交通拥堵

业内人士指出，我国快速进入汽车社会，但道路建设、停车设施却严重滞后，道路微循环系统严重不畅，都给交通状况雪上加霜。

目前，马路变为停车场的现象十分普遍，严重影响道路通行。以郑州为例，2012年机动车总量已超百万辆，停车位才12万多个，也就说12辆车要抢一个停车位。在北京，全市机动车总量已达530多万辆，而居住区基本停车位缺口超过50%，非正规停车比例超过80%。

“小区门口的道路本来是三条车道，但道路两侧都停满了车，只剩下道路中间一条车道，会车时经常会堵死。”家住北京石景山区的岳女士无奈地说。

北京市副市长陈刚分析说，北京市城市道路网络还不完善，单位大院和大型居住区对道路系统造成割裂和阻断，南北向路网连接不畅，次干路和支路通行能力不足。此外，各类公共交通之间换乘设施不足、换乘不便、换乘距离长等问题都需要改进。

“城市交通是否顺畅，不取决于主干道有多宽，主要看道路交叉口的通畅度以及整个路网的匹配度。”东南大学交通学院教授刘攀表示，在国内，很多城市把街区规划得很大，好处是地块完整，便于开放，缺点是主干道占比过大，与次干道难以形成良性交通循环，导致主路虽然很宽，但交叉口往往特别拥堵。

专家表示，应借鉴欧美、香港等地路网设计和管理经验，采取“小街区、高密度路网”的模式，注重不同等级道路的匹配，形成一个个相互衔接的交通循环，提高通行效率。

7 大病医保如何保障群众求助有门
——聚焦中国城乡大病保险试点

针对当前大病保险推进中部分地区进展相对缓慢，统筹层次、承办主体与六部委要求存在偏差等问题，部分专家和业内人士建议，在总结试点地区经验的基础上，应采取突破部门“利益藩篱”、纠正“碎片化”倾向、加快建立完善行业监管六大举措，切实为大病家庭解忧、为社会稳定“兜底”。

2014 年中国将全面推开城乡居民大病保险试点

为贯彻落实党的十八届三中全会关于加快推进重特大疾病医疗保险和救助制度建设的要求，2014 年将全面推开城乡居民大病保险试点工作，减轻人民群众大病医疗费用负担，防止因病致贫返贫。

2012 年，国家发展改革委等 6 部门印发《关于开展城乡居民大病保险工作的指导意见》，要求利用部分新农合基金、城镇居民医保基金向商业保险机构购买大病保险，在参合（保）群众患大病发生高额医疗费用的情况下，对新农合、城镇居民医保补偿后需个人负担的合规医疗费用给予保障。

保障　　新华社发　徐骏 作

国务院医改办近日发出关于加快推进城乡居民大病保险工作的通知，要求严格贯彻落实指导意见要求。已开展城乡居民大病保险试点的省份切实抓好有关各项工作，及时研究解决试点中存在的问题，在总结经验的基础上逐步扩大实施范围；尚未开展试点的省份，要在 2014 年 6 月底前启动试点工作。大病保险筹资标准、待遇水平、年度收支情况等要向社会公开，接受社会监督。

通知要求各地建立健全由医改办牵头，发展改革、财政、人力资源社会保障、民政、卫生计生、保监等部门参与的协调推进工作机制。尚未制定大病保险工作实施方案的省份，要在2014年5月底前出台有关文件；要做好城乡居民大病保险的宣传和政策解读，使群众真正了解这项政策的实惠，能够“求助有门”；加大对合规医疗费用界定等重大问题的研究力度，加强对医疗服务质量和医疗费用的监管，控制不合理医疗行为和费用。

通知要求建立完善以保障水平和参保人员满意度等为主要内容的商业保险机构考核评价办法。加强对商业保险机构的监管，督促其提高服务质量和水平，对违法违约行为及时处理。鼓励商业保险机构利用全国网络优势，为参保人员提供“一站式”即时结算、异地结算等服务，确保群众方便及时得到大病保险补偿。

大病医保如何保障群众求助有门?

日前，国务院医改办发布通知，要求在2014年6月底前，各省要全面启动或扩大城乡居民大病保险试点工作。何为大病保险？它的运行情况怎样？它如何保障群众求助有门？记者就此在全国大病医保首批试点的广西、吉林两省区进行了调查。

不额外交钱 参保（合）人员均可享受

“没想到，还能再得到一笔保险赔付，家里经济负担一下减轻不少。”广西柳州的文大爷今年67岁，去年3月因急性支气管炎住院，共花去22万多元的医疗费用。在过去，城镇居民基本医疗保险基金只能为其报销13万多元，然而，让他感到“意外”的是，他最后通过“大病保险”又得到5万多元的赔付，个人支付部分由原来的近9万元降至3万多元。

文大爷的“意外”在于：参加城镇居民医疗保险后，自己并没有额外交钱购买其他保险。

“这都是得益于城乡居民大病保险的又优惠政策。”中国人保财险柳州分公司总经理助理谢敏说。

2012年，国家发展改革委、财政部、中国保监会等6部门印发《关于开展城乡居民大病保险工作的指导意见》，要求利用部分新农合基金、城镇（乡）居民医保基金向商业保险机构购买大病保险，在参合（保）群众患大病发生高额医疗费用的情况下，对新农合、城镇（乡）居民医保补偿后需个

> **何为大病保险？**
>
> 大病保险即城乡居民大病保险。大病保险是对城乡居民因患大病发生的高额医疗费用给予报销，目的是解决群众反映强烈的“因病致贫、因病返贫”问题，使绝大部分人不会再因为疾病陷入经济困境。2012年8月30日，国家发展和改革委、卫生部、财政部、人社部、民政部、保险监督管理委员会等六部委《关于开展城乡居民大病保险工作的指导意见》发布，明确针对城镇居民医保、新农合参保（合）人大病负担重的情况，引入市场机制，建立大病保险制度，减轻城乡居民的大病负担，大病医保报销比例不低于50%。

人负担的合规医疗费用给予保障。

随后，城乡居民大病保险在广西、吉林、甘肃等20多个省区开展试点。

“不增加城乡居民的额外负担，不额外交钱，保费开支直接从已有统筹基金中直接划拨至保险公司，是大病保险的特点之一。”谢敏说。

记者从广西壮族自治区保监局了解到，广西以柳州、钦州两市为试点，每人每年筹集保险费为28—30元，受益人群囊括两个市13个县区630多万新农合和城镇居民医保参合（保）人员。

而在吉林，则不搞地区试点，全省同步启动。城乡居民大病保险统筹层次确定为省级统筹，城镇居民和农村居民大病保险分别运行，2013年筹资标准为城镇居民每人60元，农村居民每人50元。

过起付线即享　困难群众最多可享三次政策“福利”

不受病种限制、超过起付线即可享受、自付部分全年可累计、保险金额上不封顶是广西、吉林城乡居民大病保险试点的重要特点。

谢敏介绍，大病保险中的“大病”，不是指一个病种或者某个病种，而是指参合（保）人员患病后产生了高额医疗费用。通俗的讲，大病患者在基本医保报销后，非医保报销目录内的药品、治疗项目等需要个人负担的合理医疗费用，都可以通过大病保险“二次报销”。

大病保险在试点地区起付“门槛”各有不同。在广西，以市为单位，城乡居民大病保险起付线相同，其中柳州为5700元，钦州为6000元；在吉林，则以省为单位，城镇居民和新农合参保人员以个人自付总额超过8000元和5000元为补偿基数。

“不限于一种疾病，自付费用在一年以内可多次累加，总计过了起付线即可享受大病保险，并且保险金额上不封顶。”广西壮族自治区卫生厅基层卫生处处长于家新介绍。

记者调查了解到，分段递增、按比例报销是试点地区普遍采用的赔付方式。以吉林为例，超过起付线以上0—1万元（含1万元）报销50%；1万—5万元（含5万元）区间每增加1万元，报销比例提高1%；5万—10万元（含10万元）报销65%；10万元以上报销80%。

同时，吉林采取的是即时结算模式，只要参保（合）患者住院费用进入大病保险报销范围时，报销费用将由保险公司先行预付给定点医院。

“值得注意的是，大病保险与现行的新农合重大疾病保障、民政部门的大病医疗救助并不冲突，符合条件的困难群众同时享受三次优惠政策。”于家新介绍。

以参合人员的儿童白血病为例，可先由新农合按照不低于70%、总金额不超过15万元的比例进行补偿，对补偿后个人负担费用超过大病保险起付线的部分，再由大病保险按比例给予补偿。患者如符合大病医疗救助条件，还可同时向民政部门提出救助申请。

大病医保还须克服多少难题?

统计数据显示，截至2014年1月20日，广西试点城市累计结报理赔案件5.45万人次，结报金额1.45亿元，受益人数2.71万人，人均减少自付金额5350元，使得得到大病保险赔付的参保患者医疗费用实际报销比例从制度实施前的50%左右提高到实施后的65%左右。

在吉林，截至2013年年底，已有近5万余名参合农村居民在得到新农合基本医疗保障之外，又获得新农合保险补偿，新农合大病保险费用累计支出达到2.33亿元。

然而，大病保险想要继续走下去，仍然面临着一些困难。

> **专家意见：**
>
> 大病保险是准公共产品，虽由政府主导，但商业保险公司适当盈利无可非议，需建立“以丰补歉”的双向调节机制。
>
> ——北京大学经济学院院长孙祁祥
>
> 解决大病患者“因病致贫、因病返贫”问题，建立城乡居民大病保障体系，不能单一依靠大病保险，要将基本医疗保险、大病保险以及医疗救助制度三者相结合。
>
> ——外经贸大学保险学院博士王琬

虽然全年决算仍未完成，但预计到2013年底吉林省新农合资金的使用将占到全年筹资额的100%左右，全省还有四、五个县市区在10月份就已经“花光”了今年全年的新农合资金。吉林省农安县新农合办主任秦占才分析认为，从新农合划拨出部分筹资额做大病保险，这在一定程度上导致了新农合资金的紧张。

不过，据吉林省卫生计生委基层卫生管理处卫生监察专员沈文生介绍，虽然吉林省新农合资金运行压力较大，但历年结余资金较多。2014 年的大病保险资金原则上不会再增加。同时，吉林方面正在和保险公司协商，如果大病保险中每人 10 元的“防透支”风险基金有结余，将会基金变险金，直接作为资金用于投保下个年度的大病保险。

在报销方面，虽然吉林已经实现即时结算，但是广西仍未全面实现医院与保险公司联网，参保人员必须先行垫资后再自行办理赔付手续。

此外，也有保险公司内部人士透露，报销比例过高，也会带来一定浪费。由于我国目前分级诊疗机制并不完善，部分患者会越过社区、县乡医院直接到大城市的三甲医院就诊，患者自付比例如果低于 20%，反而会诱导消费。据了解，以单纯性阑尾炎为例，在三甲医院与县医院的医疗费用相差可达 5 到 10 倍。

而由于新农合门诊报销比例低，住院报销比例过高，会导致部分农民主动要求“小病大治”。因此，如何进一步优化补偿方案，将是下一步的重点工作。

大病保险六策　突破部门“利益藩篱”

针对当前大病保险推进中部分地区进展相对缓慢，统筹层次、承办主体与六部委要求存在偏差等问题，部分专家和业内人士建议，在总结试点地区经验的基础上，应采取突破部门

"利益藩篱"、纠正"碎片化"倾向、加快建立完善行业监管六大举措，切实为大病家庭解忧、为社会稳定"兜底"。

一是以有效工作机制突破部门利益障碍，统筹推进大病医保政策尽快"落地"。记者发现，在一些地方对大病保险负有监管职能的保监局却不是医改领导小组成员，保险公司、医院在政策制定上更是没有发言权。

有基层干部建议，相关部门要舍得"割肉"。各地应由省政府牵头成立督导组，对尚未启动试点工作的拟试点地区进行督导，探索把大病保险推进工作列入政府为民办实事的考核体系，并抽调相关厅局人员成立大病保险推进工作小组，专门负责大病保险协调工作，以工作机制统筹推进大病保险工作。

同时，建立退出机制以规范行业秩序。中国保险学会负责人姚庆海说，对商业保险公司也应加强监督管理。比如，保险公司不能及时按照承诺兑付，必须严厉处罚；对于考核不合格的医疗保险机构，责令限期整改或进行退保赔偿，建立大病保险市场退出机制。

> **如何确保大病保险积极稳妥推进？**
>
> 一是以有效工作机制突破部门利益障碍，统筹推进大病医保政策尽快"落地"。
>
> 二是逐步提高统筹层次，防范医保政策"碎片化"问题固化。
>
> 三是规范大病保险招投标程序，防止无序、恶性竞争大量出现。
>
> 四是建立双向调节风险联动机制。
>
> 五是建立大病保险与其他保障制度的衔接机制。
>
> 六是建立社会医疗信息共享机制。

二是逐步提高统筹层次，防范医保政策"碎片化"问题固化。中国保监会人身保险监管部副主任袁序成认为，应当逐步建立全国统一至少省级统一的医疗健康保险政策体系，为实现异地就医、就诊、结算等措施扫除障碍。

同时，还需要强化医保基础工作，制定、强制推广使用全国统一的药品、医疗器械的通用名和商品名编码规则，税务部门简化流程，对大病保险业务直接免征营业税，减轻保险机构负担。

三是规范大病保险招投标程序，防止无序、恶性竞争大量出现。记者了解到，一些地方已经出现大病保险过度竞争的苗头。近期，东部某地新农合大病保险8个区县分成3个标段，招标3家商业保险机构，结果人为地降低了大病保险的统筹层次，增加了各地之间的结报障碍。

一些保险公司负责人建议，完善招标程序，加强对大病保险招标代理机构的资质管理和过程监督，严肃处理违规行为，建立企业信用档案，规范大病保险投标资质和评分标准。

同时，招标程序宜倾向“择优”，避免过分强调“低价”甚至“搞平衡”。一名大病保险试点地区卫生部门负责人表示，如果在大病保险中过分强调竞争，难以“锁定”专业性强、服务能力好的保险公司，甚至出现“劣币驱逐良币”现象。

四是建立双向调节风险联动机制。北京大学经济学院院长孙祁祥认为，大病保险是准公共产品，虽由政府主导，但商业保险公司适当盈利无可非议，需建立“以丰补歉”的双向调节机制。

阳光保险总裁李科表示，当前多数试点地区大病保险基本处于招标购买阶段，在项目运作过程中，政府部门要给商业保险公司预留适度的经营空间，切实落实“保本微利，共担风险”原则，建立动态的调整机制。

业界人士建议，政府、保险公司和医疗机构宜实行联合办公，将风险防控关口前移，改变存在监控盲区的被动局面，促使医疗机构加强管理、规范医疗行为。“医疗费用是个‘无底洞’，没有医疗卫生机构的参与，这个制度很容易走向破产。”中山大学保险系主任申曙光建议，必须采取措施，调动医疗卫生部门参与大病医保工作的积极性。

五是建立大病保险与其他保障制度的衔接机制。记者了解到，青海省等地大病保险实施方案已经明确提出相关制度衔接要求；福建省还在现有医疗保障制度的基础上，特别强调发挥当地红十字会作用。

外经贸大学保险学院博士王琬认为，解决大病患者“因病致贫、因病返贫”问题，建立城乡居民大病保障体系，不能单一依靠大病保险，要将基本医疗保险、大病保险以及医疗救助制度三者相结合。

六是建立社会医疗信息共享机制。由于各医疗保险系统之间信息难以联通兼容，政府、企业、医疗机构之间缺乏业务流程对接的平台和机制，商业保险公司成为“信息孤岛”，丧失了作为第三方医保管理的优势，更难以及时赔付参保人员。

有关人士认为，国家亟待整合医保信息资源，建立统一的信息共享平台，鼓励符合大病保险经营条件的保险公司积极参与平台建设，提升信息服务的专业化水平，形成一张真正覆盖城乡居民的信息网络。

大病救助“巧招”频出

目前，多地积极试验多种形式引入市场机制、发挥社会力量，为大病保险可持续运行积累了宝贵经验。

“再保险”开启二次补偿

在江苏省太仓市沙溪镇，56 岁的农民刘文娥去年 2 月因急性白血病住院化疗，共花费 17.22 万元，医保报销 9.6 万元，个人自付 7.6 万元，“再保险”报销 4.2 万元，总结报比例达 80%。目前，刘文娥仍需经常化疗，并持续得到“再保险”赔付，家庭经济压力大为减轻。

“再保险”是 2011 年太仓市利用医保结余资金开办社会医疗保险大病住院补充保险，其中，对医疗过程中发生的个人付费部分给予二次补偿。按照“差异性缴费、公平性待遇、倾向性补偿”的大病保障方案，医保部门按照职工每人每年 50 元，居民每人每年 20 元的标准向人保健康公司购买大病保险服务。参保个人单次住院自付 1 万元以上，按照 53%到 82%的分解累计补偿标准进行补偿，自费的费用越大，补偿比例越高，且报销额度不设封顶线。

“实施两年来，没有一人因大病变成低保户，各项预计指标达到了预期目标。保险公司的盈利率保持在 4.1%—4.2%，每年剩余的钱作为风险基金，若出现超支，则由政府和保险公司共担。”太仓市人社局局长陆俊说，此前太仓市47万户籍人口中，每年有200人到300人住院费用在15万元以上，其中城乡居民医保实际结报率只有50%多一点，因病致贫现象时有发生。

公益基金助力乡村大病儿童

在湖北省鹤峰县，当地的一名贫困儿童小明（化名）在2011年被诊断为急性淋巴白血病。短短7个月时间，治疗费用就接近18.6万，城镇社保为她报销了近6.6万元，个人自付费用仍有12万元，个人自费占总费用的64.5%。随着能借的钱借完，她的家庭也面临着放弃治疗的压力。

2012年7月，乡村儿童“大病医保”试点在鹤峰县启动，小明继续在医院接受治疗。到今年6月，近一年时间家庭共花费治疗费用28万多元（包含政策外自费费用），除医保报销一部分外，中标商新华保险公司报销17万余元，占总费用的61.2%，个人自付费用8万多元，降低到总费用的28.5%。

记者了解到，乡村儿童“大病医保”试点由中国乡村儿童大病医保公益基金实施，该基金由40多位媒体和公益人士与中华少年儿童慈善救助基金会共同发起，运作方式与国家“大病医保”新政类似，目前已在湖北省鹤峰县、湖南省古丈县、云南省漾濞县、浙江省开化县开展了大病医保试点。

中国乡村儿童大病医保公益基金副秘书长韩克菲说，截至今年6月，乡村儿童大病医保公益基金为649名患儿赔付了120万元。

民间力量垦出“试验田”

开展儿童大病救助的民间机构“天使妈妈”团队通过网络宣传和筹款，为患病孩子募集医疗资金、安排手术和康复援助。“天使妈妈主要救助患有烧伤、肝移植、罕见病、脑瘫等大病的儿童，目前共救助三千多名儿童，为他们筹措医疗资金3000多万元。”天使妈妈基金发起人之一邱莉莉说，“天使妈妈给他们的定点医院制定医疗费用标准，治疗胆道闭锁进行肝移植合作的四家医院，确定治疗费用12万元，超过了这个数目就不支付。”

尽管成效显著，民间公益基金探索“大病保障”也遭遇了诸多难题。韩克菲介绍，鹤峰县大病医保试点后医疗费用比上年同期增长50%，给资金带来不小的压力。同时，由于社保与新农合分属不同部门，大部分是县级统筹，各自的保障水平、信息化系统建设水平良莠不齐，有的地区甚至存在手工报销的情况，加大了商业保险公司与当地社保、新农合系统对接的难度。

无论是天使妈妈还是乡村儿童大病医保基金，虽然只覆盖特定的群体——乡村儿童，但是这一民间尝试为我国的大病保障提供了新思路。“大病医保民间试验的目的之一就是给政府提供样本选择。比如，国家或许可以优先考虑针对儿童，建立高水平的大病保障制度。”韩克菲说。

8 “小升初”新规会否沦为“一纸空文”——聚焦中国择校难题破解

教育公平是亿万家庭的共同期盼，是我国法律的刚性要求，是考验党和政府执政能力的一道难题。在当前优质教育资源分布不均衡的现实情况下，政府要敢于直面利益纠葛的改革难点，从升学政策制定上加强顶层设计和长远规划，摆脱“一事一议”型的修修补补。更要根据《国家中长期教育改革和发展规划纲要（2010—2020年）》的部署，强化教师培养和补充机制，缩小区域内学校间的差距，从源头上切实解决优质教育资源分配不均的问题，努力让每个孩子都能够并愿意在家门口上好学。

我国发出“小升初”特长生“减招令”

根据教育部公布的《关于进一步做好小学升入初中免试就

遏止　　　　新华社发　徐骏　作

近入学工作的实施意见》，到2016年经省级教育行政部门批准招收特长生的学校所招收的特长生比例应降到5%以内。没有特长生招生方式的地方不再增设该方式。

“一些地方将特长与招生挂钩，加重了学生的课业负担。所以《意见》要求逐步减少特长招生。”教育部有关负责人说，免试就近入学是根据义务教育的性质和少年儿童身心发展规律所确定的基本原则，其目的是推进区域义务教育均衡发展，引导学校实施素质教育，促进学生全面发展。

《意见》明确了“小升初”工作流程，体现了义务教育

"就近入学"的根本原则。如，在划定招生范围时，要求县级教育行政部门按照就近入学原则依街道、路段、门牌号、村组等，为每一所初中合理划定对口小学（单校划片）。对于城市老城区暂时难以实行单校划片的，可按照初中新生招生数和小学毕业生基本相当的原则为多所初中划定同一招生范围（多校划片）。优质初中要纳入多校划片范围。

多年来，"小升初"的乱象已成痼疾，民众质疑和批评的焦点直指"择校"过程中的"暗箱操作"。对此，《意见》强调单校划片学校采用对口直升方式招生，即一所初中对口片区内所有小学毕业生入学。多校划片学校，先征求入学志愿，对报名人数少于招生人数的初中，学生直接入学；对报名人数超过招生人数的初中，以随机派位的方式确定学生。要统一实施，县级教育部门统一组织小学生毕业信息登记、入学志愿征集，统一受理审核入学申请，集中公示招生录取结果。

"我们强调最大限度公开每所初中划片范围、招生计划、程序时间、招生结果等相关信息，全力推进权利公平、机会公平、规则公平。"教育部有关负责人说。

在中国教育科学研究院学者储朝晖看来，解决择校，最关键的是要"放权"。当前"小升初"衍生出的占坑班、奥数热等问题，都要归咎于评价机制和评价主体的单一。"应由专业组织来决定并确认特长生的评价标准，而政府应努力做好教育资源的均衡配置，不要让学校之间的差距这么大。"

储朝晖强调，一个孩子是不是特长生，这样的问题都应交给专业组织去确认。政府要取得民众的信赖，必须釜底抽薪，切断权钱择校的利益链条。

在不少专家看来，择校热降温的"治本"良方还是优质教育资源的均衡配置。记者注意到，教育部还在《意见》中要求加快配套政策制定，如将不低于50％的优质高中招生名额合理分配到区域内初中并完善操作办法；试行学区化办学，将初中和小学结合成片进行统筹管理，提倡多校协同、资源整合、九年一贯等。

教育部有关负责人解读"小升初"新政

"小升初"一直是人民群众关心、关注和热议的话题。为进一步贯彻落实义务教育法关于适龄儿童、少年免试就近入学相关规定和党的十八届三中全会要求，完善"小升初"制度，教育部于2014年1月26日公布《关于进一步做好小学升入初中免试就近入学工作的实施意见》。

《意见》有哪些新亮点、新举措？"免试入学"具体怎么操作？如何确保公平公正？记者带着广大学生和家长关心的问题采访了教育部有关负责人。

学校无权选择学生

问：初中教育属于义务教育范畴，《意见》是如何强调义务教育的"就近入学"原则的？

答：义务教育是基本公共服务，提供义务教育是政府的责任。因此义务教育入学是政府行为，而不是学校行为，学校没有选择学生的权利。《意见》要求县级教育行政部门要在上级教育行政部门指导统筹下，根据适龄学生人数、学校分布、所在学区、学校规模、交通状况等因素，按照就近入学原则依街道、路段、门牌号、村组等，为每一所初中合理划定对口小学。明确划片后，要为每个初中确定入学对象（生源）的具体方式，允许各地根据实际采取对口直升和随机派位两种方式安排小升初升学。县域内初中新生入学手续办理工作要在同一时段进行，学生及父母或其他法定监护人持省级教育行政部门规定的有效证明办理入学手续。

优质初中对口多所小学

问：有的学生居住的地方有好几所初中，教育质量不同，大家都想被划入优质初中所在的招生片区，如何确保划片的公平？

答：划片合不合理关乎政府公信力，关系到广大群众对教育公平的认同度。《意见》确定的主要划片方式是“单校划片”，即直接为每一所初中合理划定对口小学。考虑到学校间发展水平不平衡，《意见》同时规定，优质初中要纳入“多校划片”范围，即按照初中新生招生数和小学毕业生基本相当的原则为多所初中划定同一招生范围，多校划片的各片区办学水平要大致均衡。多校划片的初中，采取随机派位的方式确定录取学生。《意见》要求片区划定后保持相对稳定，确需调整时要由县级教育行政部门邀请相关单位和家长代表参与，以加强监督。

“僧多粥少”将随机派位

问：《意见》允许学生填报优质学校，但如果没有被录取怎么办？

答：为确保优质初中入学机会均等，允许片区内所有学生报名。当出现学生报名人数多于招生人数情况时，要采取随机派位的方式确定录取学生。随机派位是指采取摇号等方式随机确定初中学校录取学生。为确保公平，我们要事先告知，切实保障家长、学生的知情权。未能进入参加派位学校的学生，县级教育行政部门将根据就近原则安排进入其他未招录满的学校就读。由于有优质高中招生指标合理分配到初中的政策，初中在一般学校就读的学生同样有机会进入优质高中。

特长与入学逐步脱钩

问：一些地方近期宣布了逐步取消“小升初”特长招生的计划，《意见》对此有何指导意见？

答：一些地方将特长与招生挂钩，加重了学生的课业负担。《意见》提出要逐步减少特长招生。要求弱化个人兴趣爱好及特长与招生入学挂钩，逐步减少特长生招生学校和招生比例，到2016年经省级教育行政部门批准招收特长生的学校所招收的特长生比例应降到5％以内，没有特长生招生方式的地方不再增设该方式。

小学择校者入学办法由县级教育行政部门统筹安排

问：小学择校的，能否在该小学附近就近升入初中？

答：原则上，学生应在户籍地、父母或其他法定监护人工作或居住地入学。符合这些条件的，按照《意见》规定，小学毕业后可升入该小学对口划片的初中。不符合条件的，由小学所在地县级教育行政部门具体规定。对于小学人户分离但初中想回户籍所在地学校就读的学生，《意见》要求由县级教育行政部门统一受理、审核，统筹安排就学。请家长在小升初前夕关注户籍所在地县级教育行政部门公布的招生入学办法。

随迁子女上学需提前咨询

问：进城务工人员随迁子女上初中是如何规定的？

答：《意见》根据义务教育法明确的管理体制规定，小升初组织实施的每个环节均由县级教育行政部门主导进行。外来务工人员随迁子女初中入学总体原则由省级教育行政部门确定，具体实施也是由县级进行。外来务工人员随迁子女升入初中就读的，应提前向输入地县级教育部门咨询。

全面实行阳光招生

问：许多家长对“小升初”的选拔过程存有质疑，如何提高它的公信力？

答：我们强调最大限度公开每所初中划片范围、招生计划、程序时间、招生结果等相关信息。在具体操作上要统一实施，县级教育部门统一组织小学生毕业信息登记、入学志愿征集，统一受理审核入学申请，集中公示招生录取结果。要全程监督，邀请有关部门和代表参与，主动接受监督，杜绝暗箱操作、徇私舞弊。同时也要加大查处力度，决不姑息迁就，充分发挥惩戒的警示作用。

教育部再推“小升初”新规　会否又沦为“一纸空文”

《关于进一步做好小学升入初中免试就近入学工作的实施意见》明确“小升初”免试就近入学，试图给多地愈演愈烈的“小升初”择校热、考试战泼一盆冷水。

消息一出，在网络上引起的反响似乎并不大，网友最多最直观的感受是：“学区房又要涨价了！”“还是要‘拼爹’啊！”

记者在上海、武汉、广州等地采访了解到，部分教育界人士和家长认为，教育部新规仍是老生常谈，划片、就近入学在多地早已推行，但收效甚微，他们忧心：新规会否再次沦为“一纸空文”？

新规不新　难逃“一纸空文”？

教育部发布的意见，明确指出合理划定招生范围，免试就近入学，全面实行阳光招生，逐步减少特长生招收数量，试图根治“小升初”的择校热。

然而，这项新规并没有被家长们看好。广州家长叶女士说，义务教育阶段的免试就近入学是《义务教育法》就规定了的，教育部这次规定只是重申，“都喊了这么多年了，可是择校仍然止不住，这次重申也不能从根本上改变。对我而言，只要有条件，都会择校，谁不希望自己孩子接受更好教育?”

从2002年开始，武汉市教育部门采用电脑派位的方式确定择校生，一些校长表示，电脑派位曾对解决教育公平起过积极作用，但择校热并没得到有效遏制。

武汉市民刘女士告诉记者，武汉早就取消小升初考试了，可现实情况是，没有了小升初考试，反倒增加了学生们上培优班的负担。“对于学校来说，要确保将来的升学率，通过种种手段，吸引更多、更优秀的学生入校，这个方向是不变的。”

新华社评论：

减招“特长生”，不仅要对过去因为“择校”而产生的混乱进行一次清理，更应对招生录取环节的权力进行清晰界定。特长生的评价标准应由专业组织来研究制定，学校的录取权力应在社会监督下运行，与招生录取相关的信息应予以公开。唯有如此，才不会有暗箱操作的空间，才能提高公众对教育公平的信任度、满意度。

在上海一家出版社工作的陈润华有一个上5年级的女儿，她说：“除非少数十分‘想得穿’的家长，听天由命等划片、等摇号的，多数家长都会投入大量的人力、财力，最关键的是人际成本，为孩子谋一所好初中。”

很多家长表示，对于贫困家庭而言，考试是自己的孩子不靠背景凭成绩进入名校的唯一途径。考试虽然有偶然性和不合理，却是最公平的。

不少家长说，可以预见的是，就近入学将掀起新一轮的学区房涨价潮，“小升初”将迎来新一轮“拼爹”热。

初衷是好的　执行是难的?

据记者了解，为遏制“小升初”乱象，教育部几乎每年都要发文重申“就近入学”“阳光招生”等刚性原则，但由于监督手段乏力、惩戒措施不足等原因，各项禁令往往沦为“一纸空文”，教育满意度和政府公信力都面临严峻挑战。

近日，广州市也宣布将于2015年全面实施小升初免试就近入学，取消推荐生制度。广州市教育局有关负责人表示，根据国家的相关文件精神，义务教育阶段实行免试就近入学，而小升初推荐生是以小学五六年级分数为基础，根据学生成绩从高到低排队，成绩位于前列的学生可以在省市一级优质初中先进行电脑派位。“实际上这种电脑派位也是违反了免试原则的，广州市今年先过渡一年，明年开始全面取消推荐生制度，实行真正的免试入学。”

事实上，广州的推荐生制度自1991年就开始在全市推开，以“推荐生＋电脑派位”优等生保送、特长生制度等升学形式取代原有的小升初升学考试制度，成为全国首创。然而到2001年，推荐生制度因广受诟病而被取消。有家长说，取消考试之后，广州的教学质量大幅下滑，有些学校的模考成绩都不敢对外公布。广州于2005年恢复小升初推荐生制度，允许各区根据自己实际情况决定是否实施。

上海一位不愿意透露姓名的小学校长告诉记者，整治小升初乱象的关键在于学校要真正不挑生源，不仅是公办学校不能以各种名义分班，而且民办初中也不能变相地考学生文化成绩“掠夺”优质生源。

武昌实验小学是许多家长心目中的“名校”，校长张基广告诉记者，学校对口初中是武汉市第四十五中，但绝大多数家长都会放弃这所对口学校，想方设法去择“名校”。

教育资源均衡短期难以实现

张基广说，教育部的这项新规只是在重申过去的文件，而没有关注这些政策在各地是否真正得到执行、落实。实际上，明的考试早就禁止了，现在多数都是培优机构和一些名校联合举行考试。“小升初”成为一道难解之题，关键原因在于优质资源太少，学校的硬件建设，特别是优质师资调配不能实现均衡化，出台再多新规也会是一纸空文。

特级校长、上海向明中学校长芮仁杰表示，校际差异客观存在，虽然规定就近入学、对口入学，老百姓还是希望进片区内相对好的初中，甚至跨区择校、选择上知名的民办初中。虽然有摇号等具体措施分流生源，还会有家长想方设法去“操作”。要整治小升初择校现象，除了把生源信息公开、公示，接受社会的监督外，还要治本，努力办好每一所初中，开展校长、教师的流动。

广州市教育局副局长江东说，在当今现实条件下，短时间内不可能让所有学校都能实现教育资源的均衡，因此，应当加强特色学校建设。让一些弱校通过特色办学得到政府扶持，逐渐走进老百姓的视野。

“今后，人们择的不是学校的升学率，择的是学校的特色，什么才是更适合自己的教育。传统名校只是高分学生的加工厂，真正有特色有文化内涵的学校对孩子的影响才是深远的。”江东说。

小升初免试就近须直面权力“险滩”

教育部推出小升初免试就近入学的实施意见，引起社会热议，观望者居多，并非没有道理。因为这一举措落到实处，须过好权力“险滩”。

2006年修订的义务教育法明确规定“适龄儿童、少年免试入学。地方各级人民政府应当保障适龄儿童、少年在户籍所在地学校就近入学。”目前小升初之乱表面是五花八门的择校热，实质是学校通过变相考试、共建、特长招生、推优等手段对申请入学的学生挑挑拣拣，根本原因是教育部门没有履行应当履行的职责。十八届三中全会关于全面深化改革若干重大问题的决定进一步提出“义务教育免试就近入学，试行学区制和九年一贯对口招生”，两个月之后教育部出台《关于进一步做好小学升入初中免试就近入学工作的实施意见》，是政府规范入学行为的履职之举。

新的实施意见核心亮点就是取消初中学校本来就不应当有的挑选学生的权力，由教育部门承担小升初制度设计和实施职

降温　　新华社发　商海春　作

责，具体来说通过合理划片实现学生就近免试入初中。把学生应当上哪所学校的权力从学校手中收回，教育行政部门就成为矛盾焦点。不管是比较明确的单校划片，还是较为复杂的多校划片，都在考验教育部门对于教育资源的了解和调配能力，对于教育规律的了解和尊重程度，实施教育公平的决心和力度，也是对他们教育良心和权力观的检验。

权力“险滩”也可能来自其他部门利益相关者。一位先期开展免试就近入学和学区制的教育局负责人感慨地说，最大的困扰不是来自社会，而是来自机关大楼之内，甚至有的干部为自己房子升值打电话干预学区划分。小升初新政和学区制涉及千家万户，教育部门“自身硬”之后，还得面对身居各种要职、掌握种种权力的"家长"的干扰，这些干扰手段多样、力量很大，直接影响当地主要领导对于教育部门工作满意度和教育部门业绩考评，教育官员不可能不在乎。

过好权力"险滩"须在工作路径上早作筹划。通知要求地方各级教育行政部门建立工作推进制度、划片决策制度、入学监督制度、信息公开制度和责任追究制度。这些制度的设计和实施，除教育部门之外的其他方面参与至关重要。比如一开始划片时就应邀请第三方专业机构和家长代表参与，既可以监督教育部门实施权力，又可以事后分担教育部门的压力。

邀请哪些机构、哪些家长参与，参与到什么程度，弹性很大，事关过权力"险滩"。如果像一些地方调整物价时只请赞成者参加，等于自甘陷身"险滩"，必陷入质疑泥潭。相反，教育部门主动还权社会，请有公信力的第三方组织和有责任心有能力的家长代表，积极参与小升初免试就近入学全过程，则有望实现全面阳光招生。

特长减招只是遏止择校一小步

教育部公布的《关于进一步做好小学升入初中免试就近入学工作的实施意见》明确降低"小升初"特长生招收比例，传递出政府大力规范办学行为、遏止"择校"乱象的鲜明态度。

近年来，在"小升初"过程中不断异化的"特长生""推优生"现象，已成为备受关注、饱受诟病的教育乱象。政府减招“小升初”特长生的做法虽然赢得了很多家长的欢迎，但从实现教育公平的长远进程看，仍是治标之策。当前很多初中学校对特长生的界定标准不一，什么是特长、谁更有特长往往是校长或主管教师说了算，而在小学阶段，与“小升初”挂钩的相关奖项评定更是五花八门，有些规则学生和家长根本无法了解，评定过程或结果也并不公开。毫无疑问，这些做法都背离了义务教育的原则，触痛了教育公平的底线。

减招“特长生”，不仅要对过去因为“择校”而产生的混乱进行一次清理，更应对招生录取环节的权力进行清晰界定。特长生的评价标准应由专业组织来研究制定，学校的录取权力应在社会监督下运行，与招生录取相关的信息应予以公开。唯有如此，才不会有暗箱操作的空间，才能提高公众对教育公平的信任度、满意度。

教育公平是亿万家庭的共同期盼，是我国法律的刚性要求，是考验党和政府执政能力的一道难题。在当前优质教育资源分布不均衡的现实情况下，政府要敢于直面利益纠葛的改革难点，从升学政策制定上加强顶层设计和长远规划，摆脱“一事一议”型的修修补补。更要根据《国家中长期教育改革和发展规划纲要（2010－2020 年）》的部署，强化教师培养和补充机制，缩小区域内学校间的差距，从源头上切实解决优质教育资源分配不均的问题，努力让每个孩子都能够并愿意在家门口上好学。

9 人数以万计 超级“敛财机”政府当政绩
——聚焦中国“超级中学”

日益严重的“超级中学”现象导致教育资源配置失衡，人为地制造教育不公。在教育公平上要多想办法、多做实事，首先就要妥善处理好“超级中学”问题，不能放任“超级中学”成为破坏教育公平的“巨鳄”。

争议中前行的中国“超级中学”

5：30起床洗漱跑操；6：05早读和吃饭；7：10至7：30课前预备，紧接着5节课；中午12点午饭，12：40之前必须回宿舍；12：45至13：45集体午睡；14：05之前回到班级唱班歌，紧接着5节课；晚饭只有25分钟，然后集体看20分钟新闻，接着是3节自习课；21：50回宿舍；22：10必须熄灯睡觉。

新学期开学一周后，高二学生吴侯又进入了她极其规律的学习生活，在她看来，这种生活方式锻炼了她的意志品质，练就了合理利用时间的本领，更重要的是带给她考入名牌大学的希望和自信。

吴俣所在的河北省衡水中学是中国十大名牌中学之一，有6000余名在校生，560余名教职工。在河北教育界，该校堪称“巨无霸”，高考成绩14连冠。2013年高考，该校有104人被清华大学和北京大学录取，一批本科上线率达86.9%，28人被香港大学等港校录取，49人被国外高校录取。

什么是“超级中学”？

“超级中学”基本特征是：人数以万计，垄断尖子生，比拼升学率。显著特征是在校师生人数不断增多，积聚了当地和周边地区一流的师生资源，瓜分著名高校自主招生名额，学生常年大比例考入一流高校。日益严重的“超级中学”现象，正是资源配置的反面教材。这些垄断一个城市甚至一个省份最优秀的教师和学生，以追求升学率为直接目标，加剧教育资源分配严重失衡现象，造成事实上的教育不公，导致一流大学生源被“超级中学”垄断，重点高校中农村学生比例不断下降。

毋庸置疑，优异成绩凝结着各方的辛勤付出。然而，这一举全市之力打造的“超级中学”惹来的争议声不断，被称为应试教育的助推器，其“掐尖”行为更饱受社会诟病，被指影响教育均衡。

事实上，“超级中学”现象在中国越来越突出，显著特征是学生数以万计，垄断尖子生，比拼升学率。新学期伊始，一些地方“超级中学”又恢复了数千人甚至近万人一校、上百人同班的状态，违反了教育部提出的规范要求。

教育部有关负责人近日在接受新华社记者专访时指出，当前，中国基础教育已进入促进公平、内涵发展、提高质量的新阶段，必须更加重视按教育规律办事，必须合理控制学校办学规模，必须尽快消除“超级学校”“超大班额”现象。

民众普遍担忧，这种表态能否经得住现实的考验，会否仅是口号？不难发现，尽管“超级中学”垄断优质生源，成为教育公平的“拦路虎”，但其确是地方的政绩工程，存在一定的利益链条，而且在“一考定终身”的现实压力下，“超级中学”还是非常有市场的。

一位衡水中学毕业生这样写道：成功就得努力，底层的成功尤其需要更大的、甚至更疯狂残酷的努力。在理想状态中，青少年应该是自由自在、轻狂放纵的，但是这理想状态只会让高考失败，从而耽误一辈子，教育需要一种必要的牺牲——这是由牺牲与获得的关系决定的。

有教育界人士指出，衡水中学严苛的管理方式适应了目前的高考制度，只要高考不改，这个模式就会存在。在目前的考试模式下，“谁不学衡中，谁就将被淘汰”。

不过，在大部分衡水中学的老师和学生以及许多社会人士看来，衡水中学开展的是素质教育，是素质教育提高了升学率。学校开展了50余项精品德育活动，2005年以来，500余名学生在全国青少年科技创新大赛、全国青少年影像节展评等各级各类大赛中获奖。

专家观点：

一些“超级中学”正在变身为“超级企业”，不断在城市建分校、建连锁学校，成立国际部，扩大招生规模，它们的目的不是想让更多的学生公平地享受到优质教育资源而是挣钱，是收取高额的择校费。很多“超级中学”一年的择校费已经超过大学四年的学费了。

——全国政协委员、中国（海南）改革发展研究院院长迟福林

该校还组建了很多学生社团，例如自助管理志愿者协会、共同行动志愿者协会、模拟联合国社团等，有计划地开展各种活动。吴俣是模拟联合国社团的一名成员，她告诉记者，她参与过毒品问题解决、战后重建、国际原子能机构改革等诸多议题，她为了准备发言广泛查阅资料，也得到辅导老师的帮助，使她开阔了眼界，加深了对社会的认识。

据了解，“超级中学”用大量的择校费来给予挖来的优秀学生以及老师补贴，而频频报捷的高考成绩又吸引了大量择校生，生意可谓越来越红火。其背后隐藏的是当前一些地方的公办普通高中超出核定计划、违反规定跨区域招生等问题。

业内人士指出，推进教育改革、促进教育公平，迫切需要启动这一机制，并改变片面追求升学率的教育政绩观，切断背后的利益链条，教育部门更要明确消除“超级中学”的方式和时间表。

“超级中学”怪相扫描

在校生人数少则五六千，多则上万；网罗、垄断了所在城市、甚至全省的尖子生；因学校大、创收多、高考成绩相对较好而常常被地方政府当作政绩——近年来，这一类所谓的“超级中学”异军突起，引起社会关注。

开学几天来，记者走访了江西、江苏、河南等地的一些“超级中学”，了解到其中的一些怪相。

“聚宝盆” 新华社发 蒋跃新 作

“超级中学”规模远超一些大学

记者在调查中发现，与人们一般意义上的认知不同，我国的一些“超级中学”在办学规模上绝对不是“中”而是“大”“超大”，从在校师生人数、校园规模上看，我国一些“超级中学”甚至远远超过一些大学。

在河南省，河南省实验中学本校和分校师生人数已经接近1万人，一些正在崛起的县级“超级中学”，比如河南省夏邑县高级中学师生人数超过1万人，河南省淮阳中学分校师生人数已经超过2万人。

在江西省，抚州市临川区的上顿渡镇几乎家喻户晓，因为在这个小镇上坐落着临川一中、临川二中两所高考升学率高、学生人数上万名的“超级中学”。记者从知情人士了解到，临川二中刚开学时，高一新生还只有2500多名，开学后还陆续有外地学生办理入学，现在已经有2800多名学生了。因为名气更大，临川一中招生形势更好，大量外地的学生和家长慕名前来求学。

而在江苏苏北的一家知名中学教育集团，初中和高中学生总数有一万多人，分四个校区，办学规模堪比大学。

“超级中学”大肆垄断尖子生资源
“超级中学”实际上成为“敛财机”

“临川一中和临川二中有不错的高考成绩，是建立在网罗各地尖子生的基础上的。”江西多所中学的校长向记者讲述了他们所在地的尖子生被这两所学校花钱挖走的案例，对它们取得的高考成绩并不服气。

而对于江苏苏北的那家知名中学教育集团，知情人告诉记者，这所中学面向全市招生，几乎垄断了全市所有的尖子生，成为超越普通中学的“贵族中学”。

为了垄断、网络所谓“尖子生”，这些学校开出了种种颇具有诱惑的条件，比如提供奖学金、免费提供食宿等等。然而，这些“血”学校是不会白出的，学校会利用这些“尖子生”获取的高考佳绩来提高学校身价，高价招收慕名而来的非“尖子生”。

孩子在苏北的那家知名中学教育集团就读的家长孙先生告

诉记者，为了能上这所中学，有的全家动员找门路送礼，只为获得一个择校指标。由于择校指标“僧多粥少”，价格越炒越高，目前已经超过 5 万。

而在临川一中，一个非“尖子生”的招生指标也被炒到数万元。

记者在采访中了解到，在一些高中类的“超级中学”，当地政府和校方利用国家教育政策的漏洞大肆提高学生的学费，尤其是一些非“招生范围”的学生不仅入学要交数万甚至十万元左右的“入门费”，每年还要交数千元的高昂学费。

“一些‘超级中学’往往以每年较高的高考‘一本率’为诱饵，吸引众多的家长将孩子送到学校来就读，学校按人头收取所谓‘学费’，而这些基本不受监管的‘学费’，会随学生人数的增加而迅速累积。因此，出于敛财的目的，‘超级中学’招收的学生只会越来越多，‘超级中学’背后是‘超级利益’。”一位业内人士对记者说。

全国政协委员、中国（海南）改革发展研究院院长迟福林在 2013 年两会上接受新华社记者采访时一针见血地指出：一些“超级中学”正在变身为“超级企业”，不断在城市建分校、建连锁学校，成立国际部，扩大招生规模，它们的目的不是想让更多的学生公平地享受到优质教育资源而是挣钱，是收取高额的择校费。很多“超级中学”一年的择校费已经超过大学四年的学费了。

“超级中学”背后的推手是地方政府

记者在调查中发现，“超级中学”背后的“超级利益”，固然有学校教职工、尤其是校长们追求名利双收的因素，但地方政府打造教育经济和扭曲的政绩观也发挥了推波助澜的作用。

在临川区上顿渡镇，两所“超级中学”的超常规发展，改变了当地很多人的生产和生活方式。两所中学周边的房价直逼抚州市中心城区的房价，万余名外地学生和家长的到来也使得当地餐饮、住宿、交通和教辅等行业一路蹿红。当地一名居民说：“在上顿渡，几乎所有的生意都和教育有关，只要搭得上教育一定能挣钱。”但是，记者调查发现，这一派红火的背后，是就学学生家庭的负担在成倍增加，有些学生家长甚至是负债让孩子在这里读书。

在当前高考“千军万马过独木桥”的现实图景下，“超级中学”理所当然地要追求高升学率。但是，通过高薪招聘优秀教师，免除各种费用、提供物质奖励到各地“掐尖”优秀学生，然后利用高升学率、推荐保送生等招牌，建立分校扩大招生规模，对其他学生收取高额择校费……“超级中学”办学模式的背后是扭曲的政绩观和利益链。

由于一所“超级中学”往往要吸纳五六千名学生，这就往往需要圈地新盖规模宏大的学校，而动辄上亿元的建设往往带来贪污受贿等腐败的契机，而这也成为一些地方官员大力推进“超级中学”建设的动力。

在江西省宜春市，2003 年至 2005 年间，由这个市的主管副市长和教委牵头，先是将市区一所历史悠久的中学迁到当时还一片荒芜的“新城区”，以摊派、借债等方式投资2亿多元、圈地800多亩建设了一个超大新校区，随后又将当时市区另一所本来运行正常的重点中学强行进行了合并，人为地建成一所学生人数高达五六千人的“超级中学”。而此事竟然作为当时宜春市领导的“政绩”大为宣扬。

这所人为制造的“超级中学”由于高达2亿多元的建设投资，以及大量国有教育资产的混乱转手，尤其是在时任宜春市委书记的宋晨光因腐败落马后，当地百姓一直议论背后可能隐藏的腐败问题和利益链。更为重要的是，由于是强行合并，这所“超级中学”出现的教育质量下降、学生上学成本增加等原因，直接引发了当地百姓的不满。直到2012年，在现任宜春市领导的主持下，两所中学又重新分开各自独立办学，终于为这场闹剧画上一个句号。

迟福林指出，地方政府是“超级中学”现象的始作俑者，许多地方领导以辖区内拥有“超级中学”为荣，一些教育行政部门甚至向中学校长下达招生、升学指标，完不成任务的“一票否决”。因此，“超级中学”现象根子不在学校，在政府。

“超级中学”为何变成了教育资源“掠食者”？

2012年的政府工作报告指出，“逐步解决考试招生、教育教学等方面的突出问题”，“资源配置要向中西部、农村、边

教育公平　　新华社发 朱慧卿 作

远、民族地区和城市薄弱学校倾斜。”

一些网民认为，日益严重的“超级中学”现象，正是资源配置的反面教材。部分代表委员指出，这些垄断一个城市甚至一个省份最优秀的教师和学生、以追求升学率为直接目标、隐藏着利益垄断的“超级中学”，一旦“扎堆”出现，将加剧教育资源分配严重失衡现象，造成事实上的教育不公。

“超级中学”怪象：人数以万计 垄断尖子生 比拼升学率

近年来，“超级中学”现象在我国越来越突出，显著特征是在校师生人数不断增多，有的规模以万计，积聚了当地和周边地区一流的师生资源，瓜分著名高校自主招生名额，学生常年大比例考入一流高校。网友总结超级中学的基本特征是：人数以万计，垄断尖子生，比拼升学率。

从在校师生人数上看，我国一些“超级中学”正在赶超大学。河南省实验中学本校和分校师生人数已经接近1万人，一些正在崛起的县级“超级中学”，比如河南省夏邑县高级中学师生人数超过1万人，河南省淮阳中学分校师生人数已经超过2万人。

“超级中学”在当地甚至全省范围内用诱人条件引起最优秀的教师和学生。郑州市外国语中学曾经用“解决住房和配偶工作”等条件，吸引优秀教师，在河南省范围内巧设名目，组织比赛，趁机选拔学生。为了防止郑州市外国语中学“抢走”尖子生，郑州市一些所辖县、市中招考试后，不再公布考生成绩和排名，只发录取通知书。

高考升学率是“超级中学”的金字招牌。以陕西省2009至2010年考入北大清华的人数为例，陕西省西北工业大学附属中学占全省的比例分别为39.6%和36.1%；西安高新第一中学分别为22.5%、26.1%。2010年这两所“超级中学”考入北大清华的学生，占陕西省的62.2%。2010年，北大清华在陕西省自主招生名额的98.9%、保送名额的97.3%，被位于西安的五所“超级中学”垄断。

“超级中学”现象折射政绩观隐藏利益链

在当前高考“千军万马过独木桥”的现实图景下，“超级中学”理所当然地要追求高升学率。但是，通过高薪招聘优秀教师，免除各种费用、提供物质奖励到各地“掐尖”优秀学生，然后利用高升学率、推荐保送生等招牌，建立分校扩大招生规模，对其他学生收取高额择校费……“超级中学”办学模式的背后是扭曲的政绩观和利益链。

网友“手中有杆木头枪”说，“羊毛出在羊身上”，“超级中学”给优秀教师的待遇，给尖子生的奖励，都要从其他学生的择校费中找回来。“超级中学”把教育变成了生意。

全国政协委员、中国（海南）改革发展研究院院长迟福林认为，地方政府是“超级中学”现象的始作俑者，许多地方领导以辖区内拥有“超级中学”为荣。有的教育行政部门甚至给中学校长下达升学率指标，完不成指标就一票否决了。“超级中学”现象根子不在学校，在政府。

全国人大代表、宁夏银川唐徕回族中学教师吕新萍说，西部欠发达地区教育经费投入严重不足，为什么“超级中学”现象却很突出，主要原因是教育经费投入缺乏监管，一些地方喜欢搞“花架子”，要求学校合并组合成“超级中学”给政府撑面子。

迟福林说，“超级中学”正在变身为“超级企业”，不断在城市建分校、建连锁学校，成立国际部，扩大招生规模，目的难道是想让更多的学生公平地享受到优质教育资源吗！不是，目的是挣钱，是收取高额的择校费。很多“超级中学”一年的择校费已经超过大学四年的学费了。

“超级中学”虚膘待减、虚火待消

大量“超级中学”的出现，导致一流大学生源正在被“超级中学”垄断，重点高校中农村学生的比例不断下降。农村学生依靠高考跳出农村的机会日益降低。那么，“超级中学”有没有必要遍地开花？如何抑制地方依靠行政手段组建“超级中学”的冲动？

吕新萍代表说，历史上自然形成的“超级中学”，对于教学理论、人才培养方式等方面的创新应该充分肯定。但是，现在多数由政府行政命令捏成的“超级中学”使有限的教育资源过度集中，加大了农村与城市的断裂。以前，农村学生可以凭借自己勤奋来争取上大学的机会，在强烈希望改变命运的激励下，他们的勤奋远非城市学生可比。但是，师资力量、信息资源、教学设施对于成绩的影响越来越大，单纯依靠勤奋改变命运的机会不断减少。

全国政协委员、海南省社会主义学院院长史贻云说，应该建立科学的分配机制，有效保障落后地区中学教育经费。从师生比例、在校生人数、占地规模等多个方面对“超级中学”加以约束。同时，严厉禁止利用行政手段以任何名义和借口推进中学兼并重组，禁止“超级中学”用建立分校、连锁学校、挂名学校等手段扩大招生变相敛财。

全国人大代表、山东省泰安民族中学副校长宋文新说，保障落后地区中学教育经费，规定不少，落实的不多。“超级中学”规模过大带来的安全隐患、卫生隐患，媒体报道过，地方政府官员也都知道，他们只是没有改变的动力。

“超级中学”虚火如何消?

“超级中学”垄断优质生源、助长择校之风，已经成为教育公平的“拦路虎”。教育专家认为，消除“超级中学”虚火，首先要改变片面追求升学率的教育政绩观，切断背后的利益链条，促进教育均衡、公平发展。

“改革开放初期，全国各地各学校之间的差别并不大，也不存在什么过度择校问题。”南京师范大学教科院副教授殷飞说，近年来，一些名校借助高升学率，垄断了大量优质生源，造成学校之间“贫富”分化越来越严重。有些名校动辄几千人甚至上万人，班级学生数几乎都超过规定人数。

“很多人认为垄断这个词不适合用于教育，但一些所谓的‘超级中学’依靠它的优势地位，在招收优质生源、招聘优秀教师方面与其他学校形成不公平竞争。”北京师范大学教育学部教授曾晓东说。

专家认为，对于一所具体学校而言，拥有更多优质资源是一件好事。但是，如果这一过程不是自由竞争的产物，而是不合理的教育体制造成的，这种“超级中学”现象对整体教育来说，有害无益。

“超级中学”虚火背后，异化的教育政绩观是幕后推手。殷飞表示，一些地方官员把有几所名校、高考上了几个清华北大当成教育发展的政绩，嘴上说要教育均衡，暗地里却维护名校特权。只有彻底扭转这种教育政绩观，才能从根本上斩断“超级中学”不断膨胀的推手。

“一所学校在成名之后，和其他普通学校的竞争就不再是公平的。”曾晓东教授认为，学校一旦成名，就会和官方产生各种联系，彼此间可能发生权力和利益的交换。因此，名校即便在招生方面有些违规行为，官方也会睁一只眼闭一只眼。

“超级中学”的存在，造成学校之间差异拉大，“马太效应”凸显。南京市中小学生学习力研训中心主任谷力博士表示，教育是一项公共服务，政府制定政策的价值取向应更多考虑公平。从实践看，“超级中学”拥有更多的经济、社会、声誉、生源等资源，和普通中学的差距不仅没有缩小，反而有拉大趋势。

一些业内人士认为，在当前的教育体制下，指责某一所“超级中学”招生乱象、不公平竞争“意义不大”，因为导致“超级中学”不公平竞争和招生乱象的深层次原因正是教育体制问题。

曾晓东建议，国家应尽快启动教育体制改革，尽快制定颁布公立学校办学章程，明确公立学校经费投入保障、招生范围、师资水平，实现按章办学。

“名校扩张，扩的不应是收费范围，而应是优质教育资源。”江苏省淮阴中学校长张元贵建议组建学校共同体，把薄弱学校交给优质学校去办，捆绑考核，调动双方提升教育质量的积极性。

“社会需要精英学校，但精英学校是需要历史积淀的，而不应是靠垄断地位来获取。”曾晓东说。

教育部：“超级中学”明显违反国家规定必须尽快消除

新学期伊始，一些地方“超级中学”又恢复了数千人甚至近万人一校、上百人同班的状态，不仅违反了教育部提出的规范要求，也存在一定的安全隐患。

针对这种情况，教育部有关负责人在接受新华社记者专访时指出，当前，我国基础教育已进入促进公平、内涵发展、提高质量的新阶段，必须更加重视按教育规律办事，必须合理控制学校办学规模，必须尽快消除“超级学校”“超大班额”现象。

这位负责人指出，国内外的一些研究和实践表明，超大规模和大班额使学校管理的难度加大，不利于教育教学活动的开展，也存在一定的安全隐患。合理的学校规模更有利于教师配备、学生成长和学校管理，更有利于提高学校教育教学水平。

> **高层声音：**
>
> 教育公平具有起点公平的意义，是社会公平的重要基础。希望各地在教育公平上要多想办法，多做实事。
>
> ——李克强

事实上，“超级中学”“超大班额”都明显违反国家对办学规模的明确规定。根据国家先后制订出台的《城市普通中小学校校舍建设标准》《农村普通中小学校建设标准》等文件，办学理想规模的上限是：农村完全小学最大规模是24班、1080人，城市完全小学最大规模是30班、1350人；农村初级中学最大规模是24班、1200人，城市初级中学最大规模是30班、1500人；九年制一贯学校最大规模是45班、2250人；完全中学和高级中学最大规模是36班、1800人。2012年教育部发布的《关于“十二五”期间加强学校基本建设规划的意见》要求合理规划学校的服务半径和办学规模，普通高中原则上不超过3000人，初中和小学原则上不超过2000人，幼儿园原则上不超过360人。

教育部负责人指出，对于遏止“超级中学”“超大班额”现象，国家出台的多个文件都有明确要求：第一，《国家中长期教育改革和发展规划纲要（2010—2020年）》中提出逐步消除大班额现象；第二，《国务院关于深入推进义务教育均衡发展的意见》提出要采取学校扩建改造和学生合理分流等措施，解决县镇“大校额”“大班额”问题；第三，《国务院办公厅关于规范农村义务教育学校布局调整的意见》中要求各地审慎开展布局调整，不盲目撤并学校，按程序撤并的学校在新学校的学习、生活设施建设完备之前，原有学校暂不撤并，提出要通过新建、扩建、改建学校和合理分流学生等措施，使学校班额符合国家标准，班额超标学校不得再接收其他学校并入的学生；第四，《国家教育事业发展第十二个五年规划》要求严格控制新建学校在校生规模，不搞超大规模学校。教育部对解决“大校额”“大班额”问题多次进行实地调研，专门召开研讨会，国家正在开展的县域义务教育均衡发展督导评估已经把学校标准化建设、遏制择校现象都作为重要内容。

此外，“超级中学”背后隐藏的是当前一些地方的公办普通高中超出核定计划、违反规定跨区域招生等问题。

对此，教育部负责人指出，我们一方面要求各地勤俭办学、节约办学，科学规划普通高中布局和建设，不得超标准、超规模建设，另一方面要求各地根据国家规定的合理班额核定普通高中学校招生计划，严禁公办普通高中超出核定计划、违反规定跨区域招生。

不能让“超级中学”变成破坏教育公平的“巨鳄”

一棵独大　　新华社发　朱慧卿 作

令人目眩的升学率、扎堆的优秀教师、雄厚的办学资金……“超级中学”凭借其优势地位吸引了大量尖子生，进一步拉开与普通中学的差距。新的学年刚开始，正当少数“超级中学”盘算招生战果暗自偷笑时，大量的普通中学却为优质生源流失叫苦不迭。

“强者愈强，弱者愈弱。”一些“超级中学”校长们辩称，这是学校间自然竞争的结果，他们是靠优异的教学质量吸引学生前来求学的。

乍一听，这种解释似乎很合理。很多家长为了把孩子送进“超级中学”要千方百计托人找关系，数万元的择校费根本不在话下。但细细一琢磨，道理并非如此简单。家长舍近求远，不惜代价选择“超级中学”，无非是看重学校的高升学率。

> 促进教育事业优先发展、公平发展。继续加大教育资源向中西部和农村倾斜，促进义务教育均衡发展。全面改善贫困地区义务教育薄弱学校办学条件。贫困地区农村学生上重点高校人数要再增长10%以上，使更多农家子弟有升学机会。
>
> ——摘自《2014年政府工作报告》

不可否认，“超级中学”突出的高考成绩与学校的管理和教师的努力密不可分。但是，通过高薪招聘优秀教师，免除各种费用、提供物质奖励到各地“掐尖”优秀学生，“超级中学”和一般中学的竞争在一开始就不公平。

其实，“超级中学”给优秀教师的丰厚待遇，给尖子生的奖励，都要从其他学生的择校费中找回来。靠尖子生树立品牌，以此吸引大量择校生牟利；强大的经济实力又为“掐尖”和高薪聘请优秀教师提供更好条件。这才是“超级中学”乐在其中的“成功”办学之道。

“超级中学”的成功是建立在普通中学办学水平下滑的基础之上的。由于优质生源、优秀教师流入到“超级中学”，很多普通中学办学水平每况愈下，部分学校甚至让学生放任自流。

少数经济条件较好的家庭可以花数万元择校费把孩子送到“超级中学”，而大多数普通家庭的孩子不得不留在普通中学上学。长期在教育体系任职的江西省社会科学界联合会副主席吴永明说，“超级中学”违背了教育均衡分布的原则，损害了平等接受教育的权利。

李克强总理近日在国家科技教育领导小组第一次全体会议上强调，教育公平具有起点公平的意义，是社会公平的重要基础。希望各地在教育公平上要多想办法、多做实事。

日益严重的“超级中学”现象导致教育资源配置失衡，人为地制造教育不公。在教育公平上要多想办法、多做实事，首先就要妥善处理好“超级中学”问题，不能放任“超级中学”成为破坏教育公平的“巨鳄”。

10 高校毕业生就业压力如何缓解
——聚焦中国大学生就业

2014年高校毕业生规模为727万人，毕业生总量压力进一步增大；同时，用人需求结构性矛盾突出，毕业生就业观念仍需进一步转变。妥善解决以高校毕业生为重点的青年就业问题是世界各国面临的共同课题，更是当前和今后一个时期我国就业工作的突出问题和首要任务。

大学生“求职”面面观

又到一年大学生求职高峰期。记者走访一些高校、招聘会发现，就业者为了争夺工作岗位，不惜“霸笔”“霸面”。而日益增长的求职成本，成为大学生难以承受之重。

“不请自来”

在求职大学生中，有些人即使没有收到企业的笔试、面试

上海举行2014年应届高校毕业生首场招聘会（新华社发　赖鑫林　摄）。

通知，也会不请自去，寻求机会。

中国石油大学（北京）的研究生敏兰刚经历过一次“霸笔”。在得知自己没有通过腾讯公司的简历筛选后，她没有放弃，而是和几个同样没有收到笔试通知的同学一起赶赴腾讯笔试场所，试图“霸笔”。

到达后，敏兰发现，考场外，同样来“霸笔”的人不少，有人甚至专程从天津、武汉等地赶来。而腾讯公司似乎料到会有不少“不请自来”的笔试者，特意在笔试考场外增加了3个考室。

学习土木建设管理专业的黄蔚由于错过一家地产公司的网申，有一次“霸面”经历。“我直接带着简历到面试现场给

HR，请求他给我一个面试机会。”黄蔚说，“待所有走正常程序的求职者面试完毕，这家公司给了我一个机会，虽然不知能否得到走正常程序求职者的待遇，但至少我尽力了”。

腾讯为“霸笔者”预留考场，百度在“百度招聘”官方微博上写着：“百度校园招聘开放‘霸王笔’，给每个有梦想的同学一个证明自己的机会”“在这里没有‘霸不霸笔’，只有答案的对错与否”。

对于“霸笔”“霸面”，有人赞赏勇气可嘉，也有人持反对态度。“现在有些人投简历很盲目，而‘霸笔’‘霸面’的人一定是真正喜欢这个工作才会去试。对应聘者来说，为自己争取了一个机会；对公司而言，也增加了挑选的余地。”已参加工作的王莹说。

晟通集团高级人才官石华方告诉记者，正常流程招到的人已经足够，“霸笔”“霸面”的人至多只有一两个被录用，这往往让人误以为某人能力比较差，因为多次被拒，实在没办法才出此下策。

水涨船高

对于应届毕业生，正装、皮鞋寄托着他们对职场的想象。

记者采访发现，多数大学生为求职添置了新装，花费几百上千元不等。求职者对形象的重视催生了一项新的照相业务。不少高校附近的照相馆近年提供包括化妆、服装和后期精修等“一条龙”的证件照服务。效果好，但价格高。

交通费用也是求职期间一笔大开销。“通常就业季期间，各单位面试安排密集，求职者一天可能有两三个场要赶，除了打车别无他法，我最多一次单程花了近两百元。”大学生张梦瑶说，“对要去异地找工作的毕业生而言，动辄几百上千元的交通费，让他们直呼‘伤不起’。”

求职的显性支出越来越多，但大多数应届毕业生认为，求职过程中所耗费的时间、精力是隐性的更大的成本。研三学生董超已在网上申请了近 30 家公司，他预计，最终将申请 60 多家。他说：“因为大家都是如此，这叫作‘广撒网，海投’！”

如今的网上申请，已远非过去投简历那样简单，通常要求求职者详细填写包括个人信息、教育背景、实习经历等在内的多个大项几十个小项的内容，而银行、外企的网上申请不仅项目繁多，还有开放型问题。“填网上申请很耗费时间，一些公司有 100 多项内容，还要回答像命题作文一样的开放型问题，我有时一天只能完成两个。”董超说。

随着高校毕业生增多，社会对人才要求越来越高，企业选人的机制也愈加复杂和严格。大部分企业采取多轮面试制……如此这般，大学生求职耗费时间多。

尽早定位

种种“吐槽”凸显大学生就业难现状，同时折射出目前我国大学生对自身职业定位的缺失。

“一个完整的职业规划分为职业定位、目标设定和通道设计 3 个部分。”中国职业规划师协会会长洪向阳说，“职业定位，是弄清楚自己适合做什么；目标设定，是为职业的发展设立一个个目标；通道设计，则是找到实现这些目标的方法。”

洪向阳建议，大学生在求职之前，要好好回顾一下自己的过往经历，从中找到那些震撼、忘我、亢奋、愉悦的兴趣点，充分挖掘出自己的天赋，总结出自己所拥有的技能和所能创造的价值。与此同时，全面了解有可能进入的行业：国家政策是否支持、产业是否有前景、相关职业的发展模式如何等。

“职业定位就是寻找这三者之间的重合点、平衡点。”洪向阳说，“我们不能单凭兴趣找工作，因为有时候我们感兴趣的，我们可能不擅长，或者说有些兴趣，并不适合发展成为职业。”

职业规划师古典认为，脱离自身实际，随波逐流，跟着所谓热门职业跑，未必真能最大限度地实现自我价值。“这个世界并不存在每个人都应该追随的热门职业，每个人都有自己的成长速度和方向，只要给予足够的空间和技术，每个人都能成长为自己最满意的样子。”

洪向阳认为，我国职业规划还处于初期阶段，期待高校能够承担起这个责任，让大学生在校期间就能对自己有一个相对明确的定位。

专家认为，高校还应在教育模式上有所突破。宁夏大学副教授谢延龙说，大学生就业难有很多原因，但和教育体制肯定有关，破解就业难，高校需做到两点：一是对学生进行就业和创业教育；二是将一些应用性强的专业和市场直接对接，根据市场需要进行人才培养。

农村大学生求职面临“三难”

中国社会科学院 2013 年底发布的《社会蓝皮书：2014 年中国社会形势分析与预测》指出，我国农村家庭普通本科毕业生就业最困难，失业率高达 30.5%。记者近日采访北京、山东、福建、宁夏、湖南部分高校数十位农村大学生发现，身份限制、隐形歧视以及求职成本高是农村大学生求职普遍面临的“三大难”。

身份限制：“先天劣势”制约“后发追赶”

家乡在福建漳州农村的郭伟刚是中国地质大学地质专业硕士研究生。他告诉记者，父母在乡下老家做小吃生意，要供着自己和妹妹两个孩子上大学。

为了减轻父母的负担，郭伟刚一出学校门就四处找工作。他先后到过北京、广州、深圳等城市，但一直没能找到一份合适的工作，最后又回到了福建，目前在福州一家国企实习。郭伟刚说：“对很多农村大学生来说，毕业后就无法再向父母要钱了，必须马上去工作。”

用人单位的城乡偏见是农村大学生挥之不去的阴影。来自山东菏泽农村的小李，是山东大学中文专业研究生。小李说，她曾应聘一所重点中学教师岗位，顺利通过初筛，笔试成绩也不错，但面试时被刷下来。她通过学长打听，原来是招聘方觉

新“三座大山” 新华社发 朱慧卿 作

得农村孩子综合素质不如城市孩子，就被一个成绩差不多的城里孩子取代。

记者在采访中发现，一些农村大学生普遍认为没有关系很难找工作。小吴来自湖南炎陵县山区，在湖南工学院念大专，学的是工程造价专业。与记者交流时，他一直寡言少语，显得郁郁不欢。“父母是农民，没人脉，找工作很难。”他对记者说，“班里已经敲定工作的同学大多动用了家里的关系网。我只能靠自己去瞎闯啦。”

中国社科院蓝皮书分析指出，家庭的城乡背景对毕业生的就业机会有明显影响。普通本科院校毕业生就业率的城乡差异最大，城市家庭出身的毕业生的就业率（87.7%）与农村家庭出身的毕业生就业率（69.5%）相差18.2个百分点，城市家庭出身的普通本科毕业生月薪（3505元）比农村家庭出身的毕业生（2851元）高出了654元。

隐形歧视："明文规定"遭遇"暗设门槛"

记者采访了解到，虽然相关法律法规明文规定不能针对求职者设置性别、户籍、院校等限制条件，但用人单位在招聘过程中往往"灵活变通"，甚至"暗设门槛"。

"民营企业很少对学校提出硬指标，但不少国企、事业单位和政府机构基本上都有相应的硬性门槛或者隐形门槛。"兰州大学新闻与传播学院教师刘晓程博士告诉记者，农村大学生主要集中在普通高校。尽管教育部规定"凡是教育行政部门和高校举办的高校毕业生就业招聘活动，严禁发布含有限定985高校、211高校等字样的招聘信息"，但由于约束力和约束范围有限，很多用人单位还是以此作为选人标准之一。

求职成本："贫寒学子"不堪"花销之重"

在福建师范大学的海报栏里，横七竖八地张贴着一些招聘广告、公务员考试培训广告。在这里，记者遇到了该校管理学院应届毕业生小张，他正在记录招聘会信息。

"老家在河南农村，但我找工作主要想在福建找，一是对当地熟悉，另外呢，不怕你笑话，还可以少花点路费。”小张说，我每月生活费才500块钱左右，“为了节省路费和住宿费，我拒绝了湖南一家出版社的最终面试。这份工作机会还是蛮好的，但我觉得成本太高，过于‘奢侈’了。”

还有农村大学生反映，用人单位当日通知次日就面试的“高效率”也让求职过程苦不堪言。“前几天，河北一家都市报打电话让我第二天去领准考证，参加笔试，我当时正好在家，就希望能宽限几天，但人家很坚决。”付亚明说，他家在山西省长治市太行山区，即使当天出发也不能在要求时间到达，最后只能放弃这家单位的笔试机会。

曾在苏州大学、北京吉利大学等高校工作的湘潭吉利汽车职业技术学院院长袁礼斌认为，对农村大学生来说，交通、住宿、服务、就业培训等方面的花销往往成为他们求职路上一道“坎儿”，对他们抓住就业机会、获得上升通道，带来一定限制和负面效应。

我国积极采取措施力促农村大学生就业

2014年2月18日教育部在其网站发布消息称，针对媒体和社会广泛关注的农村大学生就业困难问题，教育部对农村生源高校毕业生整体就业状况进行了认真分析和深入研究，将采取多项措施力促农村生源高校毕业生就业。

针对农村生源毕业生在就业过程中面临的就业机会较少、

求职成本相对较高、就业歧视等问题，教育部要求各地教育系统和高等学校多措并举，以更大力度帮助农村生源高校毕业生实现就业。一是进一步完善毕业生就业政策。积极协调有关部门在促进就业公平、基层就业学费补偿、助学贷款代偿等方面进一步完善相关政策，更多惠及农村生源高校毕业生。二是组织实施好“三支一扶”、“到村任职”、“西部计划”、“农技特岗”等各类基层就业项目，进一步调整结构、扩大规模，重点向农村生源毕业生倾斜。三是认真落实好城乡低保家庭毕业生求职补贴政策，督促各地把补贴及时发放到每一位符合条件的农村户籍毕业生手中，缓解其求职经济压力。四是增强农村生源毕业生的求职竞争力，加强就业指导的针对性和实效性，以提高素质和能力为重点实施有效的就业帮扶，切实提升他们的求职竞争力和职业转换能力。五是强化毕业生就业信息服务，鼓励地方和高校针对农村生源毕业生，举办专场招聘活动，对就业困难的实施重点援助，积极促进农村生源高校毕业生顺利实现就业。

据全国高校学生信息咨询与就业指导中心对近五年城市籍和农村籍普通高校毕业生就业状况的统计，尽管农村生源毕业生在就业过程中面临着较大就业压力，但农村生源毕业生就业率与城市生源毕业生无明显差异，主要原因在于农村生源毕业生就业观念更加务实、求职主动性强，用人单位更看重毕业生专业和能力、倾向于录用吃苦耐劳、踏实稳定的农村生源毕业生，以及国家近年来实施更加积极的就业政策促进农村生源毕业生就业创业。

人社部副部长回应就业三大热点问题

人力资源和社会保障部副部长信长星针对促进高校毕业生就业、消除就业歧视和缓解就业结构性矛盾等三大热点问题进行了回应。

落实现有政策促进高校毕业生就业

2014 年应届高校毕业生人数将超过今年，预计将达到 727 万。信长星坦言："从就业角度看，确实感到压力比较大。"

但他同时表示，从人才供给的角度看，这将为经济社会发展、产业转型升级提供强有力的人才支撑，又是一件好事。

信长星说，人社部为促进高校毕业生就业将重点结合产业升级开发更多适合高校毕业生的就业岗位；同时，政府购买的基层公共管理和社会服务岗位也要更多地用于吸纳高校毕业生就业。

他说，人社部将着力落实和完善近年来已经出台的若干促进高校毕业生就业、创业的扶持政策，比如对于吸纳毕业生的小微企业给予

促进高校毕业生就业有哪些新的改革举措？

第一，结合产业升级开发更多适合高校毕业生的就业岗位。

第二，政府购买基层公共管理和社会服务岗位更多用于吸纳高校毕业生就业。

第三，健全鼓励高校毕业生到基层工作的服务保障机制。

第四，实行激励高校毕业生自主创业政策。

第五，实施高校毕业生就业促进计划。

一定期限的社保补贴、培训补贴，鼓励高校毕业生到基层就业等。

信长星介绍，人社部将重点实施今年出台的未就业高校毕业生就业促进计划。对离校未就业的毕业生，能就业的及时给予就业指导、提供就业信息，帮助他们尽快就业。对暂时难以就业的，组织他们参加到准备就业活动中，确保他们虽然离校但是就业服务不断档。

在促进创业方面，信长星说，将适时启动新一轮的大学生创业引领计划，进一步完善扶持高校毕业生创业的政策。要加大创业培训的力度，健全创业服务体系，同时通过提供跟踪式扶持和创业指导来提高创业成功率。

就业歧视必须加以纠正

一些应聘者在找工作时仍然会遇到性别、年龄、户籍等方面的歧视。信长星说，《中共中央关于全面深化改革若干重大问题的决定》提出“规范招人用人制度，消除城乡、行业、身份、性别等一切影响平等就业的制度障碍和就业歧视”，说明党和政府反对就业歧视、维护社会公平决心坚定。

信长星坦言，在劳动力供求矛盾比较突出的情况下，各种显性或者隐性就业歧视现象就会抬头。在农民工供大于求的时期，农民工就业容易遭到歧视。现在高校毕业生越来越多，在高校毕业生就业上出现了一些新的就业歧视现象，用人单位人为抬高了用人门槛，这些必须加以纠正。

信长星表示，促进就业公平、反对就业歧视应该是各方面共同参与。用人单位应增强守法意识，理性用工。政府要完善相关的招人用人制度，规范招人用人行为，同时要加大监管力度，严厉打击招聘过程中的歧视、限制、欺诈等行为，及时纠正就业歧视现象，维护公平就业环境。

同时，劳动者要增强维权意识，善于运用法律手段来维护自身合法权益。媒体应传播反对就业歧视相关政策法规，倡导公平就业意识，同时做就业歧视行为的监督者。

加强职业教育缓解就业结构性矛盾

近年来，企业面临“招工难”，同时却有不少求职者难以找到合适的工作。对此，信长星解释：“现在不光就业总量压力比较大，同时还面临着非常突出的就业结构性矛盾。”

他介绍，结构性矛盾主要是两类，一类是劳动密集型的产业，一线操作工、普工招工不足，也就是企业所讲的“招工难”。过去这个问题只是在沿海地区局部性的，时间段上还只是春节前后的季节性，现在这个问题往内地蔓延，也开始更长期化。

另一类是技术工人常年、普遍供不应求。中级工、高级工求人倍率基本是1.8以上，也就是说两个岗位大概只有一个人求职。

信长星说，这反映了劳动力供求方面不匹配。他说，一方面，将加强职业教育，加大职业培训力度，造就一支高素质的技术工人队伍。

另一方面，要对在职劳动者的技能进行提升，使他们适应企业技术进步的要求。人社部正在全面实施技能振兴计划，通过加大在职培训力度，提高工人的技能和技术水平。

促进高校毕业生就业有哪些新的改革举措

随着我国新成长劳动力就业高峰的到来，我国每年新进入求职年龄的劳动者人数仍然保持逐年增加的趋势，特别是实施高校扩招计划以来，每年进入就业市场的高校毕业生持续较大幅度增加。妥善解决以高校毕业生为重点的青年就业问题是世界各国面临的共同课题，更是当前和今后一个时期我国就业工作的突出问题和首要任务。为此，《决定》提出了一系列新的政策措施和重大改革举措。

第一，结合产业升级开发更多适合高校毕业生的就业岗位。促进高校毕业生就业的根本之举，是开发更多符合高校毕业生特点和意愿的就业岗位。要根据高校毕业生综合素质好、专业技能水平高的优势，结合转方式、调结构和产业转型升级进程，瞄准战略性新兴产业的发展，培育新的就业增长点，着力发展科技含量高、吸纳就业能力强的智力密集型、技术密集型产业，大力发展先进制造业、高新技术产业以及现代服务业、现代农业等，开发更多适合高校毕业生的就业岗位。同时，也要以就业为导向，改革高等教育制度和培养模式，建立招生与就业联动机制，培养更多适应社会就业需求的专业技术人才。

第二，政府购买基层公共管理和社会服务岗位更多用于吸纳高校毕业生就业。政府将通过购买服务的方式，从基层公共管理机构和社会服务组织购买岗位，更多用于吸纳高校毕业生就业，为高校毕业生提供部分稳定可靠的就业岗位。通过采取这项新政策，也有利于形成促进政府职能转变的新机制。

第三，健全鼓励高校毕业生到基层工作的服务保障机制。鼓励引导高校毕业生到城乡基层、中西部地区、艰苦边远地区和中小企业就业，需要综合运用各种政策杠杆，健全促进高校毕业生到基层工作的政策扶持体系，切实发挥政策的激励保障作用。要继续组织实施“三支一扶”、大学生村官等高校毕业生服务基层项目，进一步研究制定鼓励大学生扎根基层、服务基层的保障政策。要建立健全跟踪服务机制，畅通纵向流动渠道，提高公务员定向招录和事业单位优先招聘比例，为高校毕业生成长成才提供更多选择机会。

第四，实行激励高校毕业生自主创业政策。为鼓励高校毕业生创业，国家要进一步完善鼓励建立创业园区、实行税费减免、提供小额担保贷款、免费提供创业指导、提供一站式创业服务等扶持政策。在此基础上，进一步加大高校毕业生创业扶持力度，充分利用各种政策资源，整合发展国家和省级高校毕业生就业创业基金。

> 就业是民生之本。坚持实施就业优先战略和更加积极的就业政策，优化就业创业环境，以创新引领创业，以创业带动就业。今年高校毕业生将达727万人，要开发更多就业岗位，实施不间断的就业创业服务，提高大学生就业创业比例。
>
> ——摘自《2014年政府工作报告》

第五，实施高校毕业生

就业促进计划。针对部分毕业后未能及时就业的高校毕业生，要积极实施离校未就业高校毕业生就业促进计划，把未就业的纳入就业见习、技能培训等就业准备活动之中，以进一步提升他们的就业能力。要健全公共就业服务机构与高等院校的信息沟通机制，建立高校毕业生就业实名登记管理制度，对有特殊困难的离校未就业高校毕业生实行全程就业服务，免费提供职业技能培训、就业岗位信息、职业介绍、职业指导等公共就业创业服务。

11 延迟退休政策需全面审慎
——聚焦中国延迟退休政策

延迟退休作为涉及多群体切身利益的政策，需要全面审慎的研究，不仅需要回应公众的关切，讲究策略，更要坚持公平的原则，兼顾不同群体感受，寻求改革的最大公约数。

渐进式延迟退休年龄符合我国实际

十八届三中全会决定提出，要“研究制定渐进式延迟退休年龄政策”。人力资源和社会保障部副部长胡晓义在接受新华社记者采访时说，渐进式延迟退休年龄符合我国实际。

“渐进式”包含多层含义

胡晓义说，综合分析我国劳动力供求和老龄化程度等经济社会发展因素，参考国际经验，充分考虑不同群体的退休年龄现状和诉求，在明确目标的前提下，采取渐进式延迟退休年龄的方式，既能确保政策调整前后平稳过渡，也不会对当期的就业状况造成太大影响。

“根据我们对三中全会决定精神的初步学习和理解，‘渐进式’延迟退休年龄包含着多层含义。”胡晓义说，“一是要提前若干年预告，不能今年宣布明年就实施，而要让公众、特别是相关群体有必要的准备期。”

二是要分步走，比如先从退休年龄最低的群体开始，从人力资源替代弹性系数低的群体开始，逐步扩展到各类群体。

三是要迈小步，比如每年只延迟几个月，小步徐趋，用较长的一段时间完成平滑过渡。

四是要多措并举，在延迟退休的同时，严格控制提前退休，进一步强化养老保险长缴多得的激励机制，调整产业结构、开发更多适合中老年人又不与青年人争夺工作机会的岗位，加强中老年人技能培训，并研究支持中老年人就业的扶持政策等等，以最大限度降低对相关群体的不利影响。

延迟退休确需提上日程

“退休年龄是一项重大社会经济政策。”胡晓义说，“从我国经济社会的发展阶段和蕴含矛盾看，确有必要将研究延迟退休年龄问题提上日程。”

胡晓义说，目前我国城镇人均预期寿命达75岁以上；加上劳动条件改善，平均劳动强度比以前大大降低。如果继续维持较低的退休年龄，一方面不利于调动中青年人劳动的积极性；另一方面退休人员的养老金待遇也得不到持续、合理提高。

> **权威声音：**
>
> 综合分析我国劳动力供求和老龄化程度等经济社会发展因素，参考国际经验，充分考虑不同群体的退休年龄现状和诉求，在明确目标的前提下，采取渐进式延迟退休年龄的方式，既能确保政策调整前后平稳过渡，也不会对当期的就业状况造成太大影响。
>
> ——人力资源和社会保障部副部长胡晓义

同时，我国总的就业形势依然是劳动力供大于求，但2012年首次出现劳动力资源总量绝对下降的现象，比上年减少345万人，劳动年龄人口占总人口比重下降0.6个百分点。这是一个重要的信号，预示着未来我国劳动力将逐步进入供给总量减少时期。

“众所周知，经济发展是需要一定数量的人力资源供给做支撑的，因此我们必须改变过去滥用青壮年劳动力的粗放方式，更充分发挥人力资源的效能。”胡晓义说，“加强技能培训、适当延迟退休年龄等都是增加扩大劳动力供给量、保证经济可持续发展的必要举措。”

此外，我国人口老龄化高峰加速到来。从全国劳动力资源与老年人口的比值看，2007年为6.85∶1，5年后急剧降到4.83∶1。城镇企业职工基本养老保险制度目前的抚养比（缴费者与领取待遇者之间的比例）为3.03∶1。据预测，2030年前后，养老保险抚养比将提高到2∶1以下。

“保证养老保险基金收支总体平衡、制度可持续发展，需要采取多种增收减支措施，如扩大覆盖面、增加财政投入、多渠道筹资、提高结余资金收益率等。”胡晓义说，“但适当延迟退休年龄、减缓抚养比迅速提高的趋势，也是重要举措之一。”

这位副部长也指出，随着我国教育事业的发展，劳动者受教育年限不断延长并形成起始工作年龄普遍推后的格局，如果退休年龄仍维持较低水平，将限制中老年人力资源特别是女性人力资源充分利用，并影响人才强国战略的实施。从目前实际情况看，许多专业技术岗位（医生、教师、科研人员等），五六十岁正是经验丰富、技艺纯熟的阶段，而且这种高端人力资源的替代弹性较低。如果早早退休，是人力资源的巨大浪费。

决策具有三大特点

胡晓义说，决定提出“研究制定渐进式延迟退休年龄政策”，是党中央从我国经济社会发展全局性、长期性、战略性角度出发，作出的一项重要决策。

“全局性，即这项政策涉及多个领域，是综合性很强、又对经济社会发展具有重大影响的政策。”胡晓义说，“长期性，即这项政策不是只考虑一两年、十几年，而是涉及相当长时间的制度安排；战略性，即这项政策关系到我国应对人口结构变化的挑战，充分利用人力资源，发挥优势，增强国力。”

我国现行职工退休年龄男60周岁、女干部55周岁、女工人50周岁。这是在上世纪50年代初《劳动保险条例》和有关机关事业单位退休政策规定的，至今仍在执行。

“新中国成立初期我国人口预期寿命只有40岁左右，依据当时的劳动条件、健康水平和男女生理特点等因素，规定这样的标准，是符合实际情况的。”胡晓义说，“目前，我国人民健康水平大大提高，人口预期寿命达到74岁（城镇更高），而企业职工男女平均实际退休年龄只有54岁，明显偏低。”

这位副部长介绍，目前世界上170个国家和地区中，正常退休年龄，男性集中在60岁和65岁，女性集中在60岁。凡是已进入人口老龄化的国家，都已实施或准备实施延迟退休年龄政策；虽然也有不同意见，但看来已成普遍趋势。

国际视野下的退休年龄

延迟退休近期成为社会关注的焦点，记者对国际上的退休年龄进行了梳理：人力资源和社会保障部提供的资料显示，目前世界上170个国家和地区中，正常退休年龄，男性集中在60岁和65岁，女性集中在60岁。

1989年至2009年的20年间，有65个国家提高了退休年龄；男性平均退休年龄由1989年的60.01岁提升至2009年的61.01岁，提高了1岁；女性由57.87岁提升至59.38岁，提高了1.51岁。

另据了解，凡是已进入人口老龄化的国家，都已实施或准备实施延迟退休年龄政策；虽然也有不同意见，但各国政府都是从经济社会发展大局出发，作出理性选择。

具体到个别国家，记者了解到，2010年11月9日，法国总统萨科齐签署了退休制度改革法案，将男女法定退休年龄都由60岁上调到62岁，领取全额退休金的法定年龄则由目前的65岁上调到67岁。

改革受到了法国各大工会和反对党强烈不满，2012年新任总统奥朗德部分调整了这一做法。根据新法令，从18岁就开始工作并缴纳41.5年养老金的人群可以提前至60岁退休，而现行退休制度为62岁。针对妇女和老年失业者，则增加两个季度视同缴纳养老金的优惠。

从2012年1月1日起，德国开始实施将法定退休年龄提高到67岁的法规。根据新规定，德国将在2012至2029年，逐步将退休年龄提高到67岁。如果不到法定退休年龄退休，将拿不到全额退休金。新法规针对1947年以后出生的人。对于1947年出生的人，2012年退休年龄提高到65岁1个月。1948年出生的人，退休年龄将再增加1个月。1958年出生的人，退休年龄提高到66岁。1958年以后，每晚出生一年退休时间延长两个月。这样，到1964年及以后出生的人，法定退休年龄将提高到67岁。

新法规特别考虑到一些特殊情况。例如，对于参加养老保险达到45年的人，依然可以在65岁退休领取全额养老金。对于参加养老保险达到35年的人，未来可以在63岁开始申请提前退休，但必须承担一定比例的养老金损失。根据距离法定退休年龄相差的月数，每个月养老金将被扣除0.3%。对于所有1963年以后出生的人，如果63岁退休意味着，他领取的养老金将被扣除14.4%，并且这个领取比例一直有效。

渐进＋公平＋弹性

——“延迟退休”的中国算式

十八届三中全会公布了《中共中央关于全面深化改革若干重大问题的决定》（《决定》），其中第12项45条指出“研究制定渐进式延迟退休年龄政策”。

延迟退休在中国社会已热议多年，《决定》透露出其将成为社会发展必然的信号。

> **体力劳动者声音：**
>
> 当被问及愿不愿意延迟退休多干几年的时候，一直在寒风中埋头整理电动三轮车上邮包的郑师傅抬起头干脆地说“不愿意”。
>
> 40岁的京东商城快递员郑师傅来自山东聊城，他说，工作很累，不想延迟退，“现在农村合作医疗挺好的，老了以后我想早点回家种种地，安度晚年”。

中国现行法定退休年龄为男性职工、干部60岁，女性职工50岁，女性干部55岁，从事有害健康特定工种的除外。随着中国人均寿命的不断提高，这一以1952年初颁布的《中华人民共和国劳动保险条例》为蓝本的规定逐渐暴露出诸多不合理之处，如对养老保障制度造成负担、不利于人力资源的有效运用等。

“渐进式延迟退休的提法尚属首次，是社会保障领域改革的一次全新尝试。”中国社会科学院世界社保研究中心主任郑秉文接受记者采访时说，“但鉴于中国国情，延迟退休要兼顾渐进、公平和弹性，为了可持续性，不一定一步到位。”

记者采访调查发现，此番关于延迟退休的争论焦点主要有三个方面，一是影响年轻人就业，二是养老双轨体制的差异，三是高低收入群体延迟退休的差异。

截至2013年11月25日17时，在参加新浪网发起的“延迟退休年龄引发热议”调查的56408名参加者中共有52593人表示反对延迟退休年龄，占总数的93.2%。

南开大学社会工作与社会政策系主任关信平指出，延迟退休是大势所趋，但大的思路应是“渐进式”的。“比如可以以3个月、半年为单位逐步延迟，避免退休时间拥挤，也便于公众接受。”他说。

“有那么多大学生毕业就失业，老同志早点退是应该的。而且退休了，做老人的还可以帮忙带带孩子。”70岁的退休干部周阿姨说，十多年前她退下来的时候有些不情愿，但现在看看社会形势和家里的需求，觉得早点退也不是坏事。

据悉，2013年中国高校毕业生达到699万，经历了“史上最难就业季”。中国快速城镇化过程中，农村人口的大量涌入也使得城市就业形势严峻。

> **域外经验：**
>
> 从欧洲多国提高退休年龄的经验来看，“小步慢跑”是普遍采取的做法，如何用较长的一段时间完成平滑过渡，但又能做到有效延长“人口红利”，策略上要讲究拿捏平衡。

早退还是晚退，在职工中也有不同声音。调查显示，普遍支持延迟退休的多为公务人员，而很多企业员工尤其是没有职务和一技之长的普通员工不愿意延迟退休。

中国当前实行“退休金双轨制”。政府部门、事业单位职工，个人无须缴纳社保，由财政统一支付，企业由单位和职工本人按照一定比例缴纳。

因此，对于企业职工而言，延迟退休意味着迟拿养老金和多交几年钱。不过，在这一部分人中，那些不喜欢原工作或者有机会从事其他行业的员工又另当别论。

此间接受采访的专家普遍表示，延迟退休是一件非常复杂的社会问题，必须综合考虑多方面的利益。尤其是在中国养老金缺口较大的当下，如何满足不同群体的利益诉求、保障社会公平才是关键。

关信平建议，要逐步缩小当前事业单位与企业职工退休金差距过大的问题，在延迟退休的过程中充分照顾到困难群体的利益诉求。此外，还要考虑其弹性，如让人们自由选择是否延迟退休。

“但是最根本的依然是加快转变发展方式、创造更多的就业机会。”他说。

延迟退休政策需全面审慎

延迟退休作为涉及多群体切身利益的政策，需要全面审慎的研究，不仅需要回应公众的关切，讲究策略，更要坚持公平的原则，兼顾不同群体感受，寻求改革的最大公约数。

延迟退休首先要回应好公众关心的多重问题。延迟退休是否会加剧青年就业难？延迟退休的初衷是不是仅仅为了弥补一

赶　　新华社发 商海春 作

些地方的养老金缺口？延迟退休之后个人缴纳保险的时间延长了，养老金会怎样多少体现“多缴多得、长缴多得”的原则？这些都需要相关部门作好解释，解公众之忧。

延迟退休也需要讲究策略。提前预告、小步徐趋，以减少对公众尤其是即将退休人群的冲击力，顾及劳动人口的实际感受。从欧洲多国提高退休年龄的经验来看，“小步慢跑”是普遍采取的做法，如何用较长的一段时间完成平滑过渡，但又能做到有效延长“人口红利”，策略上要讲究拿捏平衡。

延迟退休还要坚持公平的原则，充分考虑到不同群体的诉求，根据不同群体的工作性质、工作年限、人力资源替代弹性等因素作出不同的安排。重体力劳动者是否能借鉴瑞典等国的经验不被“一刀切”？女性退休年龄是否应和男性一致？体制内外的延迟退休是不是同步进行？这些都需要作出合理安排。

此外，延迟退休政策需要一系列配套方案改革的配合，进一步强化养老保险长缴多得的激励机制，调整产业结构、开发更多适合中老年人又不与青年人争夺工作机会的岗位，加强中老年人技能培训，并研究支持中老年人就业的扶持政策等等，全方位做好“大改革”。

12 十年等一“床”
——透视我国当前养老困局

在养老服务体系建设中，政府部门应充分扮演好倡导者、支持者、协调者的角色，制定好规划、落实好政策、服务好对象，让各种力量在公平环境下同场竞技，各放异彩。反之，如果一些政府部门高高在上，人为设置各种障碍，就会导致政策措施变为一纸空文，极大挫伤社会力量和民间资本的主动性积极性，甚至使养老服务格局重回老路。

老龄化的中国直面养老困境

北京老人王淑芬（化名）4年前入住了一所毗邻大医院的民办养老院，希望减轻子女的负担。然而经过几轮涨价，每月6000多元的总费用让她开始重新考虑自己的养老方式。

“4年前一张床位1700元，现在已经涨到了2800；再加上伙食费600，护工费2500，奶费200元……我自己的退休金远远不够，还要两个已经退休的儿女补贴。”王淑芬对记者说。

除了费用高，养老院的伙食也让王淑芬萌生去意。“为了照顾没牙的老人，所有的饭菜都煮得稀烂，这让其他人难以下咽，只能指望儿女每周来看望时带些好吃的”。

王淑芬渴望能进入一家价廉物美的公立养老院，却被告知需要排队等候很多年。“实在不行我打算回家，请保姆照顾，跟养老院比还是家舒服”。

根据全国老龄委的统计，截至2012年年底，中国60岁及以上的老年人口约有1.9亿，占总人口的14%。2013年，这一数字将突破2亿，预计到2050年老年人口将达到全国人口的三分之一。

随着老龄化速度的加快，中国养老领域存在的很多问题也随之凸显。越来越多的家庭面临去哪里养老、如何让老人安享晚年的难题。

高消费VS排长队：中国式养老的两难选择

王心（化名）的母亲几年前入住了北京朝阳区寸草春晖养老院，15平方米的双人间配有家具、电视、空调和独立卫生间。养老院还为每位老人随身配备了无线呼叫器，有紧急情况时只要按呼叫器，护工就能在一分钟之内赶来提供救援。

> **专家观点：**
>
> 中国正面临“未富先老”的局面，养老问题日趋严峻。有关部门应该为失独家庭和空巢家庭的老人提供更多补贴，做好基础养老保障。
>
> ——中国人口与发展研究中心主任马力

由于王心的母亲属于失

能老人，每月的各项费用高达7000多元，而老人的退休金只有3000元左右。尽管费用高昂，王女士还是发现很多问题，比如房间打扫不及时。

养老院负责人王小龙说，养老院有40多名护工照顾近百名老人，大多是失能或半失能老人，他们每天为老人体检、按摩、洗脚和打扫卫生，工作很繁重。

去年才投入运行的寸草春晖养老院是朝阳区社区养老院的样板工程，也是目前朝阳区第一家专业护理型养老院，良好的环境和服务为它赢得了不错的口碑，但是高额的费用也把普通工薪阶层的老人挡在了大门外。

然而，在被认为是北京最好的公办养老院北京第一社会福利院，记者了解到目前已有9000多人排队候位。而在公立的北京第五社会福利院，十多层高的大楼也已经住满了老人。

一位不愿透露姓名的老人介绍说，他和他的老伴早在2004年就已经登记申请“一福”的床位，直到2011年才入住。他承认，住在“一福”的老人大都是离休干部。

张敏儒老人是中国书画协会副会长，他和老伴已经入住“一福”7年多。张老介绍说，每个房间都配有电视、电脑、冰箱、洗衣机、饮水机和宽带，公共区域还有形体室和健身房。他说这里环境好，空气好，而且每月费用不足2000元。

民营机构举步维艰

据北京市民政局统计，目前，全市养老院有床位8.2万张，有老人入住的床位仅4万余张。而实际上北京市需求为

12万到15万张，每百名老人的平均床位为2.8张，离国际标准“百名老人5张床位”还有很大的距离。

数据显示，全国老年人共需养老床位800万张，而目前仅有266.2万张，床位缺口达近540万张，远远不能适应机构养老的发展需要。

然而，就北京一地来说，空置近一半的床位多位于郊区偏远地方或者市区内环境较差的养老院，公办养老院和市区较好的民办养老院则时常出现“一床难求”的局面。

随着社会经济的发展和人们观念的转变，很多家庭逐渐抛弃了在家养老为孝的旧传统，为老人选择设施、环境相对较好的养老院养老，许多老人由于子女工作生活繁忙、出国不在身边无人照顾，也主动要求到养老院安度晚年。

北京大学人口所教授穆光宗认为，养老院应当成为老年人，特别是失能老人，最合适的养老场所。但是寻求一家合适的养老机构很不容易：条件好的地方，不收有精神障碍的或不能自理的老人；有些地方接受失能、半失能老人，但每月费用动辄过万，使许多家庭望而却步。

中国社会科学院人口与劳动经济所研究员、社会保障研究室主任张展新认为，公办养老院排不上队等问题反映出中国养老服务供求的矛盾。当前，由于立法和政策制定滞后，民间资本投资积极性不高，而公办养老机构受益于政策优惠，但数量十分有限，最终导致公办养老院供不应求、民办养老发展不起来。

“民办养老院没有土地，只能靠租地，土地补贴目前还无法拿到，因此高额的租金成为发展民办养老院最大的负担。”王小龙说，除此之外，行业利润低、行业从业人员社会地位低，护工流失率大也是民办养老院面临的问题。

养老产业呼唤政策支持

2009年，北京市民政局等部门曾提出“9064”养老服务模式，即到2020年90%的老年人在社会化服务协助下通过家庭照顾养老，6%的老年人通过政府购买社区照顾服务养老，4%的老年人入住养老服务机构集中养老。

与此同此，全国各地也开展探索多种养老服务模式应对日益加快的人口老龄化趋势。

张展新表示，政府部门应该制定规划和政策，作好服务和监督，借鉴国际经验，发展适合中国国情的投资多元化的养老机构。另外，政府需要制定社会养老服务机构的运营管理条例，形成有利于民办养老事业发展的制度环境，把公共政策与市场机制有机结合起来。

中国人民大学社会与人口学院老年学研究所所长杜鹏表示，政府需要从管理体制上打破公私立养老机构的界限。“需要完善民办养老机构的管理体制，包括投入和补贴机制等，提高民办养老院的服务水平，规范民办养老机构的人员管理”。

中国人口与发展研究中心主任马力认为，中国正面临“未富先老”的局面，养老问题日趋严峻。有关部门应该为失独家庭和空巢家庭的老人提供更多补贴，做好基础养老保障。

打破“包办”格局　让社会资本“唱大戏”

——《国务院关于加快发展养老服务业的若干意见》释放的信号

《国务院关于加快发展养老服务业的若干意见》于2013年9月13日正式对外公布，明确提出要充分发挥市场在资源配置中的基础作用，逐步使社会力量成为发展养老服务业的主体。业内人士指出，意见的出台，释放出了政府要打破“包办”格局，让社会资本在养老服务市场中“唱大戏”的强烈信号。

求解民办养老机构“用地难”“运营难”

“政策一大堆，落实难到位”，是不少民资养老机构在创立、运行中面临的窘境。民资介入养老机构不但饱受土地难寻的困扰，中央和地方都有明文规定的水、电、煤、热等方面的优惠政策也难见落实。

中国老龄科学研究中心副主任党俊武表示，国务院此次出台的意见，在鼓励民间资本进入养老服务市场的土地、税收、补贴等关键要素上都实现了突破。

——民间资本举办的非营利性养老机构与政府举办的养老机构享有相同的土地使用政策，可以依法使用国有划拨土地或者农民集体所有的土地。

——对非营利性养老机构建设要免征有关行政事业性收费，对营利性养老机构建设要减半征收有关行政事业性收费；

反哺　　新华社发　朱慧卿　作

制定和完善支持民间资本投资养老服务业的税收优惠政策。

——可根据养老服务的实际需要，推进民办公助，选择通过补助投资、贷款贴息、运营补贴、购买服务等方式，支持社会力量举办养老服务机构，开展养老服务。

在缓解“用地难”方面，意见还责成国土资源部尽快“制定支持发展养老服务业的土地政策”。民政部社会福利和慈善事业促进司司长詹成付表示，随着支持发展养老服务业的土地政策的出台，养老方面的土地供应瓶颈有望逐步破除。

对于如何避免企业利用优惠的土地政策“以办养老为名、行房地产之实”，詹成付表示，民政部正在与国土资源部制定相关政策，防止此类情况发生。

探索养老机构“公建民营”之路

在目前现有的全国4万多家社会养老机构中，公办养老机构约有3.15万家，约占养老机构总数的75%。然而，不少公办养老机构效率较低，管理不善，亟待改革。

此次出台的意见明确提出，开展公办养老机构改制试点，有条件的地方可以积极稳妥地把专门面向社会提供经营性服务的公办养老机构转制成为企业，完善法人治理结构。政府投资兴办的养老床位应逐步通过公建民营等方式管理运营，积极鼓励民间资本通过委托管理等方式，运营公有产权的养老服务设施。

> **名词解释：**
>
> 以房养老（Reverse Mortgage），也被称为“住房反向抵押贷款”或者“倒按揭”。是指老人将自己的产权房抵押出去，以定期取得一定数额养老金或者接受老年公寓服务的一种养老方式，在老人去世后，银行或保险公司收回住房使用权，这种养老方式被视为完善养老保障机制的一项重要补充。2013年国务院印发的《关于加快发展养老服务业的若干意见》明确提出“开展老年人住房反向抵押养老保险试点”，引发舆论广泛关注，按计划“以房养老”政策会于2014年上半年试行推广。

“这为搞活公办养老机构，充分发挥其作用，指明了方向。”詹成付说，“公办”不意味着就要“公营”，下一步改革的方向就是探索养老机构“公建民营”的路子。

他同时透露，民政部将根据意见要求，在今年年底前制定出关于公办养老机构改制试点的方案，从部分省份开始试点，让公办养老机构更好地发挥作用。

根据此次出台的意见，各地公办养老机构要充分发挥托底作用，重点为“三无”老人、低收入老人、经济困难的失能半失能老人提供无偿或低收费的供养、护理服务。政府举办的养老机构要实用适用，避免铺张豪华。

民政部社会福利和慈善事业促进司副司长王素英说，这些论述进一步明确了政府的兜底职责，对城乡困难老年人而言是利好消息。

试点金融养老、以房养老

金融养老、以房养老，是国外较为普遍的养老模式，但在我国才刚刚起步。

此次国务院出台的意见提出，逐步放宽限制，鼓励和支持保险资金投资养老服务领域。开展老年人住房反向抵押养老保险试点。

詹成付表示，这对于老年人、保险公司来说都是利好消息，如果试点成功，对于解决老年人的养老资金问题、盘活已有房屋资源、扩大保险公司业务都有积极意义。

此外，意见还鼓励各地先行先试，在财政、金融、用地、税费、人才、技术及服务模式等方面进行探索创新，完善体制机制和政策措施，为全国养老服务业发展提供经验。

党俊武表示，国务院出台的意见在养老服务资源配置上厘清了政府与市场的边界，有助于营造一个公平竞争的市场环境，将引导养老服务业进入一个新的春天。

促进社会化养老政府部门需找准定位

浇灌　　新华社发　胡延亭　作

《国务院关于加快发展养老服务业的若干意见》的亮点，就是充分发挥社会力量的主体作用，促进社会化养老。真实做到这一点，相关部门必须找准位置，履行好责任。

长期以来，养老服务在由政府包揽过渡到政府主导的过程中，出现了一系列问题，特别是公办养老机构长期享受体制优势，大量民办养老机构无法与其平等竞争，遭遇融资难、用地难、运营难，频频陷入生存困境。究其原因，一些政府部门没有真正做到在政策、扶持、投入、监管上的一视同仁，这需要在政府职能转换中切实解决。

在养老服务体系建设中，政府部门应充分扮演好倡导者、支持者、协调者的角色，制定好规划、落实好政策、服务好对象，让各种力量在公平环境下同场竞技，各放异彩。反之，如果一些政府部门高高在上，人为设置各种障碍，就会导致政策措施变为一纸空文，极大挫伤社会力量和民间资本的主动性积极性，甚至使养老服务格局重回老路。

意见的发布无疑使民办养老机构嗅到新春的气息：降低社会力量举办养老机构门槛、公办养老机构转制成为企业试点等措施，实实在在的投融资、土地供应、税费优惠、补贴支持等政策，目的就是使各类养老机构站在同一起跑线上。这些政策要落到实处，有关部门责任重大。

政府准确定位后，更能够积极有为。中国社会福利协会对7个国家和近20个省份的一项调查显示，环境、技术、管理、人才是提供优质养老服务的关键环节。这些环节的提高和改善，都离不开政府的正确决策和政策支持。

期待社会力量争相进入，人人享有基本养老服务很快成为现实。

盘点各国养老金制度

据新华社北京新媒体专电美国《明星论坛报》网站2013年12月28日刊文称，各国的退休制度千差万别。以下是一些重要国家的退休制度。

美国：高度依赖社会保险

美国退休制度的核心是社会保险。社会保险金是通过按月向劳动者和雇员征税获得的。保险金为每月平均 1269 美元。社会保险金是 2/3 的退休人员的主要收入来源。美国人只要年满 62 岁就可以领取社会保险金，但要到更高的年龄才能足额领取——出生于 1943－1959 年的人要年满 66 岁，此后出生的人要年满 67 岁。许多人还依靠企业养老金。

日本：养老金分为三部分

日本的养老金分为三部分：劳动者通过一个由他们自己缴纳部分费用的基金领取每月大约 6.6 万日元（657 美元）的固定养老金；基于个人收入领取第二项养老金；此外，还可以缴费加入其他自愿参加的计划。他们可以在缴费 25 年后开始领取固定养老金；在缴费 40 年后有资格领取全额福利。固定养老金和基于个人收入的养老金加在一起，平均只相当于退休前收入的大约 25％。

德国：退休年龄逐渐提高

德国的退休制度在许多人看来是非常优厚的，但也在逐渐收紧。二战后的经济繁荣让退休人员过上了舒适的生活。德国人可以在 65 岁时拿到全额退休金。不过，这条年龄线在逐渐提高。1964 年之后出生的人可能要到 67 岁才能退休。该制度提供的退休金相当于平均税后工资的 58％。养老金是通过工资税筹集的。养老金与一个人的工作年限挂钩。不过，目前由于退休人员相对于在职人员的比例在上升，所以养老金的水平有所下降。

英国：仅靠养老金难以生活优渥

英国政府的养老金制度旨在保护退休人员免于穷困潦倒，而不是让他们生活优渥。英国退休人员只有38%的收入来自政府养老金，远低于德国和意大利的水平；还有26%的收入来自企业养老金。

巴西：慷慨超出发展水平

20世纪80年代，巴西推出了慷慨的政府养老金制度，但该国的富裕程度还不足以践行这一制度。该制度通过工资税筹集资金；高收入劳动者的缴费金额比较高。巴西人只需缴费15年，就可以在男性65岁、女性60岁的时候领取全额养老金。如果缴费达到30年，男性可以在53岁时退休。如果缴费达到25年，女性可以在48岁时退休。对领取平均水平工资的巴西人来说，该国养老金相当于他们以往税后收入的97%。

韩国：不少老年人处境艰难

韩国的退休金制度很吝啬，而且越来越吝啬。政府项目根据平均收入和缴费年限发放养老金。60岁可以领取全额养老金；2033年，年龄将提高到65岁。2008年，一般退休人员拿到的政府养老金相当于平均税前收入的一半。不过，这个数字将逐渐降低到2028年的40%。许多韩国老人处境艰难：他们比预想的更长寿，但却没有为晚年生活积蓄足够的资金。许多人还指望退休后靠子女养老——由于年轻劳动者更愿意自己生活，所以这种制度正在逐渐瓦解。该国的老龄贫困率在发达世界居于首位：45.1%，而经合组织国家的平均水平为13.5%。

丹麦：养老金与在职工资差不多

丹麦提供基本的政府养老金和辅助福利。如果人们的收入增加，能够领取的辅助福利就会减少。政府养老金是通过税收筹集资金的。还有一种政府养老金靠个人缴费。此外，有90%的全职劳动者领取企业养老金。一般退休人员领取的养老金接近在职时的税后工资的95%。最低的养老金是每年7800克朗（1400美元）。退休年龄为65岁，将从2024年开始提高到67岁。

13 橄榄型分配格局如何形成
——聚焦中国收入分配制度改革

《中共中央关于全面深化改革若干重大问题的决定》关于“逐步形成橄榄型分配格局”的重要预期，这是我们党带领全国各族人民朝着共同富裕方向阔步前进的宏大理想，也是需要全党全社会勠力同心共同奋斗的远大目标。

建立“橄榄型”收入分配格局
让更多人迈入“中等收入阶层”

《中共中央关于全面深化改革若干重大问题的决定》明确指出，要规范收入分配秩序，增加低收入者收入，扩大中等收入者比重，努力缩小城乡、区域、行业收入分配差距，逐步形成橄榄型分配格局。

“在我印象中，这是中央文件中首次提出‘橄榄型’分配格局。收入分配改革在实现社会公平正义中扮演着重要角色，

而形成'橄榄型'分配格局最重要的，是迅速扩大中等收入者比重。"中国（海南）改革发展研究院院长迟福林说。

收入分配改革，是近年来人民群众反映最强烈、呼唤最迫切的改革之一。我国从2004年开始酝酿收入分配制度改革方案，但至今不同行业、城乡之间收入差距过大，职工工资增长幅度低等问题仍持续存在，已成为提高百姓消费总水平、扩大内需、拉动经济的制约因素。

迟福林表示，我国中等收入群体比重偏低、规模过小。扩大中等收入群体，关键是要尽快制订可操作的综合性行动计划。

“中等收入群体持续扩大，是释放消费潜力、拉动经济增长、维持稳定的社会结构的重要基础。”他说。

决定明确指出，规范收入分配秩序，完善收入分配调控体制机制和政策体系，建立个人收入和财产信息系统，保护合法收入，调节过高收入，清理规范隐性收入，取缔非法收入，增加低收入者收入，扩大中等收入者比重，努力缩小城乡、区域、行业收入分配差距，逐步形成橄榄型分配格局。

此外，决定还明确提出了要“提高劳动报酬在初次分配中的比重”；以及“完善以税收、社会保障、转移支付为主要手段的再分配调节机制”。

迟福林说，当前，应当加大结构性减税力度，有效控制财政收入过快增长、行政成本过快增加，使城乡居民在国民收入分配格局中的比重明显提高。

居民收入统计数据说明我国收入分配改革任重道远

2014 年 1 月 20 日，国家统计局发布数据显示，2013 年衡量我国居民收入分配差距的基尼系数进一步收窄，居民收入分配结构进一步优化。与此同时，2013 年国内居民收入增速也放缓。2014 年，收入水平如何继续提升，收入分配差距如何继续缩小，收入分配改革如何推进，备受各界关注。

基尼系数收窄蕴含三大变化

衡量国内居民收入分配差距的基尼系数，在2013年为0.473，是2008年以来的最低值。其中又蕴含着不少变化：

首先，2013年农村居民人均纯收入和城镇居民可支配收入的比是1∶3.03，相比起2009年的峰值1∶3.33，反映出结构优化。

其次，与2012年相比，尽管城镇居民的工资性收入、经营净收入、转移性收入增幅都有所放缓，但财产性收入增幅明显扩大，由2012年的8.9%扩大至2013年的14.6%。在农村居民中，财产性收入增幅的扩大更是明显：由2012年的9.0%扩大至2013年的17.7%。

> **什么是基尼系数？**
>
> 基尼系数（Gini coefficient），或译坚尼系数，是20世纪初意大利经济学家基尼，根据劳伦茨曲线所定义的判断收入分配公平程度的指标。是比例数值，在0和1之间，是国际上用来综合考察居民内部收入分配差异状况的一个重要分析指标。

“对于农村居民来说，财产性收入的增加意味着他们有更多的资金或者物资来扩大生产，这对保障农村居民生活水平的提高非常重要。”复旦大学经济学教授殷醒民分析称。

另外，结合比较2013年及2012年数据，城镇居民中，低收入组及中等偏下收入组2013年的收入增长比中等组、中等偏上组、高收入组要快。与此类似，农村居民中收入增幅最大的人群也来自中等收入偏下组。

不过，国家统计局局长马建堂也指出，按照国际标准，基尼系数 0.4 以上就表明我国的收入分配还存在很大改进余地。

同时，相比起 2012 年的 0.474，2013 年基尼系数仅收窄了 0.001，也说明我国居民收入分配改革还任重道远。

居民收入增长放缓

统计局数据显示，2013 年城镇居民人均可支配收入 26955 元，扣除价格因素实际增长 7.0%，略低于人均 GDP7.2%左右的增幅。

而 2013 年，农村居民人均纯收入 8896 元，扣除价格因素实际增长 9.3%，相比起 2012 年的 10.7%，农村居民收入增速也有所放缓。

一些居民反映，在收入增长放缓的背景下，提升生活水平会受到影响。上海市退休居民刘兰娟说，2013 年不少商品还是涨价了。“比如去年夏季，蔬菜价格就像坐了过山车，那几个月占到我日常支出的 80%以上；到了年末，鲜奶价格又轮番上涨，而且产品还不断升级，单是应对鲜奶的‘升级’，我每个月支出又多了好几十块。”

中国旅游研究院日前发布的《中国休闲发展年度报告（2012—2013）》显示，由于农村居民在消费观念上认为休闲活动是“消费”而不是必要的劳动力再生产等原因，农村居民无论在农忙还是农闲时的休闲活动内容都比较单一。在农忙时 70.8%的农村居民休闲活动集中在家里，农闲时仍然有超过半数的农村居民在家中“消极休闲”。

推动收入增长与分配改革良性循环

业内人士指出，收入增加和收入分配结构的优化应互相补充，形成良性循环。

中国人民大学财政金融学院副院长赵锡军认为，经济增长、经济结构调整与收入增长应形成良性循环：以消费为主的经济增长模式，才能保证新增 GDP 能投入到居民消费部门而非生产性部门；而经济增长要从投资拉动转换到消费拉动，前提是要提高居民收入。因此，需要对价值创造进行新的分配，更好更快提高居民收入水平。

《中共中央关于全面深化改革若干重大问题的决定》指出，要保护合法收入，调节过高收入，清理规范隐性收入，取缔非法收入，增加低收入者收入，扩大中等收入者比重，努力缩小城乡、区域、行业收入分配差距，逐步形成橄榄型分配格局。

殷醒民表示，要按照“提低、扩中、控高”的思路，让居民能更多获得财产性收入，低收入弱势人群有更多的转移支付保障，缩小社会保障上的待遇差异，使得收入更均衡地分配。

在提高居民财产性收入方面，除了扩展投资和租赁服务等途径，优化上市公司投资者回报机制等多渠道增加居民财产性收入的手段外，还应完善国内投资征信体系及法律环境，保障中小投资者权益。

在提高居民转移性收入方面，专家建议适当加大政府用于居民教育、医疗、住房和社会救助等消费支出，提高公共教育、公共医疗和其他公共社会支出占 GDP 比重，增加居民实际消费支出。

形成合理有序的收入分配格局需要从哪些方面入手

收入分配制度是经济社会发展中带有根本性、基础性的制度安排，劳有所得是人民群众最关心最直接最现实的利益问题之一。《决定》围绕“形成合理有序的收入分配格局”作出新的部署，应当主要从以下3个方面加以落实。

第一，形成合理有序的收入分配格局，必须健全初次分配制度和着重保护劳动所得。初次分配，一般是指生产成果在劳动、资本、资源（土地）、技术（知识）、管理等生产要素之间，按贡献份额进行分配的过程。我国坚持社会主义基本经济制度和基本分配制度，根本上是要坚持按劳分配为主体、多种分配方式并存，坚持初次分配和再分配调节并重。在初次分配过程中，《决定》首先强调“着重保护劳动所得，努力实现劳动报酬增长和劳动生产率提高同步，提高劳动报酬在初次分配中的比重”。提出一系列关键性举措，包括健全工资决定和正常增长机制，完善最低工资和工资支付保障制度，完善企业工资集体协商制度；改革机关事业单位工资和津贴补贴制度，完善艰苦边远地区津贴增长机制，等等。在劳动要素之外，《决定》重点提出，“健全资本、知识、技术、管理等由要素市场决定的报酬机制”，突出了由市场机制决定要素按贡献参与分配的相应报酬、并将知识要素增列其中的创新思路，为依法保障知识（包括品牌、创意等）和技术成果参与分配的应得份额，建立健全根据经营管理绩效、风险和责任确定薪酬的制度明确了方向。《决定》还重申多渠道增加居民财产性收入，要求“扩展投资和租赁服务等途径，优化上市公司投资者回报机制，保护投资者尤其是中小投资者合法权益”。这些制度机制一旦做实，对理顺和规范股市等投资行为，提高租赁服务质量水平，拓宽居民租金、利息、股息、红利等增收渠道，都将注入新的活力。

第二，形成合理有序的收入分配格局，必须在完善再分配调节机制上强化政府责任。再分配是指国家通过税收、财政转移支付、各类社会保障和社会救助等对初次分配结果进行调节的过程。《决定》要求“完善以税收、社会保障、转移支付为主要手段的再分配调节机制，加大税收调节力度。建立公共资源出让收益合理共享机制”。就是要强化政府责任，合理运用税收政策工具，健全公共财政体系，提高公共服务支出在财政支出中的比重，进一步做大并分好公共资源出让收益，更多用于民生改善和社会保障，不断完善政府转移支付制度，重点向革命老区、民族地区、边疆地区、贫困地区倾斜。

第三，形成合理有序的收入分配格局，还要在规范收入分配秩序方面推进体制机制创新。规范收入分配秩序，既要不断完善市场机制，也要更好发挥政府作用。为此，《决定》明确要求，“完善收入分配调控体制机制和政策体系，建立个人收入和财产信息系统，保护合法收入，调节过高收入，清理规范隐性收入，取缔非法收入，增加低收入者收入，扩大中等收入者比重，努力缩小城乡、区域、行业收入分配差距，逐步形成橄榄型分配格局”。要实现这些目标，都需要各级政府发挥积极主导的作用，加强法律法规体系建设，建立健全财产登记制度，完善财产法律保护制度；健全行政司法联动监管机制，加大维护劳动者合法权益执法力度；减轻中低收入者税负，加大对高收入者税收调节力度；健全现代支付和收入监测体系，严格规范工资外收入、非税收入等管理，强化打击取缔非法收入的法律法规环节，还要在加大反腐力度、加强信息公开、实行社会监督、提升技术保障等方面，不断推进体制机制创新。

怎样才能逐步形成橄榄型分配格局

衡量深化收入分配制度改革的最终成效，就是《决定》关于“逐步形成橄榄型分配格局”的重要预期，这是我们党带领全国各族人民朝着共同富裕方向阔步前进的宏大理想，也是需要全党全社会勠力同心共同奋斗的远大目标，可从以下两方面来理解实现这一理想目标的方式和途径。

第一，形成橄榄型分配格局，关键是让中等收入群体持续扩大。由于劳动所得是国民收入初次分配的首要环节，是中低收入者的基础性收入部分。《决定》根据 2020 年全面建成小康社会目标关于中等收入群体持续扩大、占多数的要求，围绕健全工资决定和正常增长机制的系列改革思路，旨在初次分配兼顾效率和公平，创造机会公平的竞争环境，维护劳动收入的主

分　　新华社发 商海春 作

体地位，着重保护劳动所得。在此基础上，不断完善资本、知识、技术、管理等由要素市场决定的报酬机制。考虑到再分配也要兼顾效率和公平，而且必须更加注重公平，《决定》所重申的完善再分配调节机制，将综合运用税收、社会保障、转移支付等主要手段，建立健全国有资本收益分享和公共资源占用及其收益分配机制，还要支持慈善事业发展。我们要坚持市场调节和政府调控相结合，提高公共资源配置效率，重点向低收入者倾斜，既要倡导勤劳致富、支持创业创新、保护合法经营所得，也要在社会财富不断增加、综合国力持续增强的同时，普遍提高人民富裕程度。而且，我国的橄榄型分配格局，应当是制度完善、调控有效、比例合理、关系协调的格局。对此，《决定》再次强调规范收入分配秩序，明确保护合法收入、调节过高收入、清理规范隐性收入、取缔非法收入的基本政策导向，公开透明、公正合理的收入分配秩序，必将为中等收入群体营造更好的发展壮大空间。

第二，形成橄榄型分配格局，必须重视多渠道增加居民财产性收入。财产性收入是衡量国民富裕程度的重要指标。按照《决定》以促进公平正义、增进人民福祉为出发点和落脚点的改革指导思想，我们要依法加强对公民财产权的保护，实行国家依法征收征用补偿原则，依法规范和保障居民拥有使用权的房屋、土地和资源的转让行为，进一步健全保护公民财产权制度，为切实增加居民财产性收入营造公开公平公正的法制环境。为了形成橄榄型分配格局，还必须处理好政府和市场的关系，按照《决定》关于“使市场在资源配置中起决定性作用”新的方向，更好发挥政府对收入分配的调节作用。要继续拓展增加居民财产性收入的多种渠道。对此，各级政府应更加重视规范市场秩序和完善制度建设，通过健全法规、调整政策，加强对居民投资租赁行为的服务、指导和规范管理，维持良性运行市场秩序，保护居民合法增收权益。同时，随着城镇化水平稳步提升和新农村建设逐步深入，农民在拥有和运用土地承包经营权、集体资产股权、农户宅基地用益物权、住房财产权等方面，以及在金融产品和实业等投资领域，都将有更多条件和机会来增加财产性收入，必将为逐步形成橄榄型分配格局作出贡献。

切好财富蛋糕 维护公平正义

全面深化改革是在我国改革开放已经取得历史性成就的基础上进行的。35年的改革开放，使我国经济以世界上少有的速度持续发展，社会财富成倍增加。“蛋糕”做大了，如何切分的问题出来了。通过深化改革完善收入分配制度，使改革发展成果更多更公平地惠及全体人民，无疑是当前人民群众最期盼的领域之一。

党的十八大报告指出，必须坚持维护社会公平正义是在新的历史条件下夺取中国特色社会主义新胜利的基本要求之一。我国已经进入全面建成小康社会的决定性阶段，任务艰巨繁重，需要最大限度调动各方面积极性，让一切创造社会财富的源泉充分涌流。

人民群众是历史的创造者。要调动各方面的积极性，最根本的办法是公平合理地切分好“财富蛋糕”，让全体社会成员共享改革发展成果，彰显中国特色社会主义制度优势。

> 收入是民生之源。要深化收入分配体制改革，努力缩小收入差距。健全企业职工工资决定和正常增长机制，推进工资集体协商，构建和谐劳动关系。加强和改进国有企业负责人薪酬管理。改革机关事业单位工资制度，在事业单位逐步推行绩效工资，健全医务人员等适应行业特点的薪酬制度，完善艰苦边远地区津贴增长机制。多渠道增加低收入者收入，不断扩大中等收入者比重。使城乡居民收入与经济同步增长，广大人民群众普遍感受到得实惠。
>
> ——摘自《2014年政府工作报告》

从平均主义“大锅饭”到“一部分人先富起来”“先富带后富”，再到“发展成果由人民共享”，35年来的改革发展使百姓生活显著改善，但不公平现象也凸显，收入分配中的城乡间、行业间、地区间、职级间收入分配差距逐渐拉大。于是，好职位意味着好待遇，“萝卜招聘”“拼爹”等不合理现象在就业竞争中按下葫芦浮起瓢。加快收入分配制度改革，成为人民群众的普遍呼声。

“人民对美好生活的向往，就是我们的奋斗目标”，习近平总书记代表新一届中央领导集体的郑重承诺，说到了百姓心坎上。党的十八大一年来，户籍制度改革、收入分配制度改革、医药卫生体制改革、教育改革……一系列改革新举措顺民意、得人心，彰显了党中央、国务院以改革促进发展、维护公平正义的决心。

公平正义关系人民群众的切身利益，也关系国家长治久安。从美好理念转化为实践，公平正义需要制度的有力保障。《中共中央关于全面深化改革若干重大问题的决定》指出，全面深化改革必须以促进社会公平正义为出发点和落脚点。贯彻落实中央精神，改革不合时宜的体制机制，突破利益固化的藩篱，建立以权利公平、机会公平、规则公平为主要内容的社会公平保障体系，公平正义的阳光必将普照大地，激发人民群众的创造热情，同心同德共圆中国梦。

14 走出“年年扶贫年年贫”的怪圈
——聚焦中国农村扶贫开发机制改革

当前，扶贫开发已进入深水区，全国扶贫对象容易脱贫的大都实现了脱贫，剩下的都是“硬骨头”。这些地方大多生态环境脆弱，生存条件恶劣，自然灾害频发，人口受教育程度低，基础设施和社会事业严重滞后，贫困问题呈现区域性、综合性的特征，扶贫开发任务艰巨繁重，常规手段往往效果有限，这就必然要求有一个顶层设计、行动指南，才能避免“按下葫芦浮起瓢”。

农村扶贫开发机制改革三大看点

2014年1月25日，新华社受权发布《关于创新机制扎实推进农村扶贫开发工作的意见》（以下简称《意见》）。《意见》从战略和全局出发，把扶贫开发工作摆到了更加突出的位置，并对当前和今后一个时期扶贫开发工作作出明确部署。《意见》提出的改进贫困县考核机制、建立精准扶贫工作机制、改革财政专项扶贫资金管理机制三大看点尤为引人注目。

贫困县考核不再GDP至上

记者日前在国家扶贫开发工作重点县——黑龙江省兰西县、海伦市等地采访时，不少地方官员直言：“争抢贫困县帽子，其实争的是利益。”一些贫困地区地方政府财政收支矛盾突出，国家对县里的转移支付资金多成为满足政府运转的“饭碗”，而非扶持农民脱贫的“追加资本”，形成“扶县”与“扶民”两层皮现象。

针对这种现象，国务院扶贫办主任刘永富认为，目前各地官员考核办法中，基本是以GDP论英雄，扶贫工作基本没有进入考核体系，做不好没坏处，好处则可以保留。“所以现在客观存在一个比较普遍的现象，虽然一些县的经济指标上去了，但是老百姓得到的好处不明显。”

《意见》明确提出，要改进贫困县考核机制。由主要考核地区生产总值向主要考核扶贫开发工作成效转变，对限制开发区域和生态脆弱的国家扶贫开发工作重点县取消地区生产总值考核，把提高贫困人口生活水平和减少贫困人口数量作为主要指标，引导贫困地区党政领导班子和领导干部把工作重点放在扶贫开发上。同时，研究建立重点县退出机制，建立扶贫开发效果评估体系。

“改进贫困县考核机制具有非常重要的意义，这将引导贫困地区党政干部把工作重点放在解决贫困问题上，而不是盲目追求经济发展。”中国人民大学反贫困问题研究中心主任汪三贵认为，目前对贫困地区的官员来说，扶贫开发只是一般性的工作，并不占据最重要的地位。改革考核机制后，有助于把扶贫资源真正用在扶贫开发上，调动贫困县做好脱贫工作的积极性。

精准扶贫机制“瞄准”最贫困人群

来自国务院扶贫办的数据显示，截至2012年底，我国贫困人口总数为9899万人。但是，这个数据是按照农民人均纯收入2300元的国家扶贫标准抽样调查而来，由于全国还没有建立统一的信息网络，尚不能对所有的扶贫对象进行精准识别。

《意见》提出，建立精准扶贫工作机制。国家制定统一的扶贫对象识别办法。各省（自治区、直辖市）在已有工作基础上，坚持扶贫开发和农村最低生活保障制度有效衔接，按照县为单位、规模控制、分级负责、精准识别、动态管理的原则，对每个贫困村、贫困户建档立卡，建设全国扶贫信息网络系统。

中国社科院农村发展研究所研究员李静认为，精准扶贫难在贫困户的识别。以前贫困户的认定是村干部甚至乡镇干部上报的，上级政府很难进行鉴别，存在一些弄虚作假的现象，不少真正的贫困户和低保户被排除在外。“这几年来，有些地方的村庄实行了民主评议并公示的办法来识别贫困户和低保户，这种自下而上的识别效果很好，建议在实际工作中予以推广。”

汪三贵说，识别出贫困对象只是第一步，更关键的是深入

精确扶贫　　新华社发　赵乃育　作

分析不同贫困对象、贫困家庭的致贫原因，逐村逐户制定帮扶措施。“例如，有些贫困家庭成员丧失劳动能力，这就需要靠社会保障来扶持；有些是因病因灾致贫，但还有劳动能力，可以提供打工就业的机会和扶持农业生产。总的来说，精准扶贫要做大量更加细致的工作，扶贫政策不能一刀切。”

财政专项扶贫资金项目审批权下放到县

《意见》提出，改革财政专项扶贫资金管理机制。各级政府要逐步增加财政专项扶贫资金投入，加大资金管理改革力度，增强资金使用的针对性和实效性，项目资金要到村到户，切实使资金直接用于扶贫对象。简化资金拨付流程，项目审批权限原则上下放到县。

汪三贵认为，以往的扶贫项目审批往往是从上到下的管理，报到省里去批准，未必符合基层的实际情况。精准扶贫到村到户，都是些很细很小的扶贫项目，对这些项目的管理只有接近这些贫困户的政府层级才了解情况。因此，专项扶贫资金应该下沉，让更了解实际情况的县级政府根据农户实际需求去做，这样才能更有效率。县级以上政府要把更多精力用于扶贫目标考核和监督检查资金使用情况。

财政专项扶贫资金是贫困群众的“保命钱”，审计署日前公布的审计报告表明，一些地方存在虚报冒领、挤占挪用、贪污侵吞扶贫资金等突出问题。《意见》提出，省、市两级政府主要负责资金和项目监管，县级政府负责组织实施好扶贫项目，各级人大常委会要加强对资金审计结果的监督，管好用好资金。坚持和完善资金项目公告公示制度，积极发挥审计、纪检、监察等部门作用，加大违纪违法行为惩处力度。逐步引入社会力量，发挥社会监督作用。

李静说，在扶贫项目的立项和执行上可以引入市场机制和社会力量的参与。政府项目可以与企业项目、援助项目等相结合，使政府资金起着补充作用或引导作用，从而动员更大范围内的社会资金参与扶贫。在扶贫资金监管上，可以考虑资金分配、资金使用、资金监督三者分开，资金分配由政府进行，资金使用和资金监督委托第三方，如 NGO 或其他组织，也可以是贫困社区的自我管理和监督，有效发挥社会监督作用。

我国贫困县的变迁

确定扶贫开发重点扶持县是我国扶贫开发区域瞄准的重要手段之一。1986 年，我国第一次确定了 331 个国家重点扶持贫困县，此后进行过三次调整。

1994 年，颁布实施《国家八七扶贫攻坚计划（1994—2000 年）》，对贫困县进行了一次调整。按照 1992 年农民人均纯收入超过 700 元的县一律退出，低于 400 元的县全部纳入的方法，在全国范围内确定了 592 个国家重点扶持贫困县。

2001 年，颁布实施《中国农村扶贫开发纲要（2001—2010 年）》，对国家重点扶持的贫困县进行第二次调整，贫困县改称国家扶贫开发工作重点县，将东部 33 个重点县指标全部调到中西部，东部不再确定国家级重点县。同时，西藏自治区作为特殊扶持区域，整体享受重点县待遇，不占重点县指标。全国共有 592 个国家扶贫开发工作重点县。

2011 年，颁布实施《中国农村扶贫开发纲要（2011—2020 年）》，对国家重点扶持的县进行第三次调整。本次调整的最大特点是权力下放到省，允许各省根据实际情况，按“高出低进，出一进一，严格程序，总量不变”的原则进行调整。这次调整，原重点县共调出 38 个，原非重点县调进 38 个，全国重点县总数仍为592个。

2011年，我国还确定了680个连片特困地区县。将集中连片特殊困难地区作为扶贫开发的主战场，是党中央、国务院作出的重大战略举措。全国共划分出11个连片特困地区，加上已经实施特殊扶持政策的西藏、四省藏区、新疆南疆三地州共14个片区。进入以上14个片区的县共有680个，称为连片特困地区县，其中属于国家扶贫开发工作重点县的有440个。

扶贫开发明确6个工作机制10项重点工作

《关于创新机制扎实推进农村扶贫开发工作的意见》明确了当前和今后一个时期扶贫开发的6个工作机制和10项重点工作。

《意见》指出，消除贫困，改善民生，实现共同富裕，是社会主义的本质要求。改革开放以来，我国扶贫开发工作取得举世瞩目的成就，走出了一条中国特色扶贫开发道路。但是，贫困地区发展滞后问题没有根本改变，贫困人口生产生活仍然十分困难。要以改革创新为动力，着力消除体制机制障碍，增强内生动力和发展活力，加大扶持力度，集中力量解决突出问题，加快贫困群众脱贫致富、贫困地区全面建成小康社会步伐。

《意见》提出，当前和今后一个时期，扶贫开发工作要进一步解放思想，开拓思路，深化改革，创新机制，使市场在资源配置中起决定性作用和更好发挥政府作用，更加广泛、更为有效地动员社会力量，构建政府、市场、社会协同推进的大扶贫开发格局，在全国范围内整合配置扶贫开发资源，形成扶贫开发合力。要改进贫困县考核机制，建立精准扶贫工作机制，健全干部驻村帮扶机制，改革财政专项扶贫资金管理机制，完善金融服务机制，创新社会参与机制。

《意见》强调，针对制约贫困地区发展的瓶颈，以集中连片特殊困难地区为主战场，因地制宜，分类指导，突出重点，注重实效，继续做好整村推进、易地扶贫搬迁、以工代赈、就业促进、生态建设等工作，进一步整合力量、明确责任、明确目标，组织实施扶贫开发10项重点工作，分别是：村级道路畅通、饮水安全、农村电力保障、危房改造、特色产业增

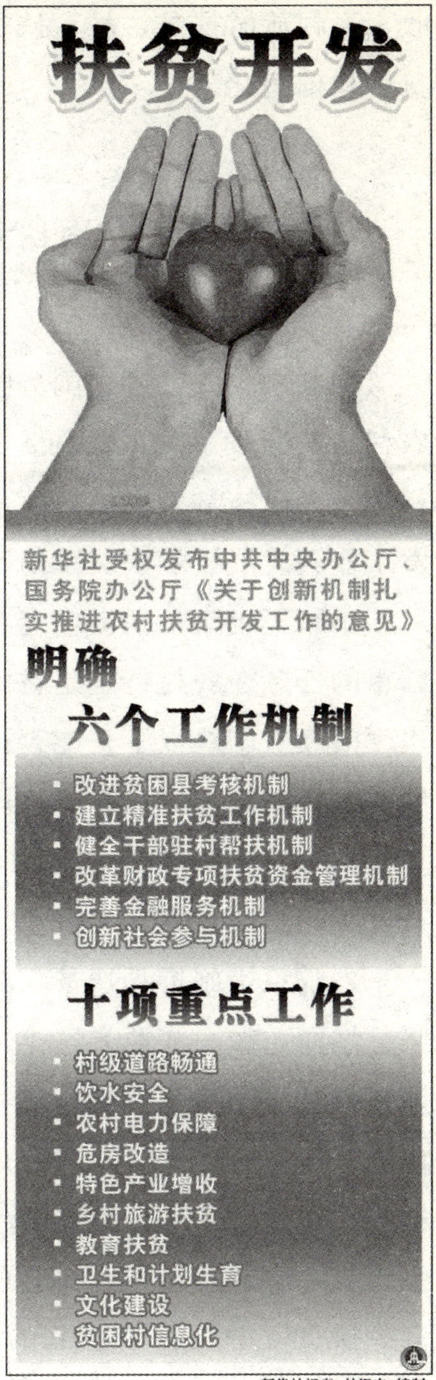

新华社记者 林汉忠 编制

收、乡村旅游扶贫、教育扶贫、卫生和计划生育、文化建设和贫困村信息化。

改革贫困县考核机制切中要害

中共中央办公厅、国务院办公厅《关于创新机制扎实推进农村扶贫开发工作的意见》对农村贫困地区的考核淡化GDP目标，突出扶贫开发成效。落实这个意见，将带来农村扶贫开发工作新发展，加快贫困地区群众脱贫致富奔小康步伐。

小康不小康，关键在老乡。全面建成小康社会，最艰巨最繁重的任务在农村特别是贫困地区。目前，我国还有近1亿人口生活在贫困线以下，能否让这些群众尽快脱贫致富、共享发展成果，考验着党和政府治国理政的能力。

专家观点：

改进贫困县考核机制具有非常重要的意义，这将引导贫困地区党政干部把工作重点放在解决贫困问题上，而不是盲目追求经济发展。

——中国人民大学反贫困问题研究中心主任汪三贵

党中央、国务院对扶贫开发工作高度重视，出台了一系列政策措施推动扶贫攻坚。然而，在一些地方，本该以扶贫济困为宗旨的扶贫开发工作却有些变味：哭穷争戴“贫困帽”、把扶贫资金当成“唐僧肉”、条件越好越容易得到项目支持……到底有多少扶贫资源用在了急需的贫困群众身上，多年来人们颇有疑问。

究其根由，主要是以往的政绩考核评价体系依然侧重于经济指标。对于地方主政者来说，顶着贫困县的帽子争取各类财政拨款和建设项目，可以在短期内提高 GDP、地方财政收入等考核“硬指标”，性价比很高。而改善贫困群众基本生活不是一朝一夕的事，既需要长期艰苦奋斗，又需要耐得住眼前的寂寞。两相比较，无怪乎不少官员“取政绩而舍群众”了。

此次《关于创新机制扎实推进农村扶贫开发工作的意见》吹响了改革贫困县考核机制的号角。《意见》强调，由主要考核地区生产总值向主要考核扶贫开发工作成效转变，对限制开发区域和生态脆弱的国家扶贫开发工作重点县取消地区生产总值考核，把提高贫困人口生活水平和减少贫困人口数量作为主要指标。同时，研究建立重点县退出机制，建立扶贫开发效果评估体系。这些措施针对以往扶贫开发工作中存在的问题有的放矢、切中要害。

可以想见，今后贫困地区党政干部将不再被 GDP 考核所束缚，能把更多精力放在扶贫开发上。把提高贫困人口生活水平和减少贫困人口数量作为主要考核指标，将引导地方官员真正把群众生活冷暖放在心上，全力扶真贫、真扶贫。这必将加快贫困群众脱贫致富、贫困地区全面建成小康社会步伐。

用创新破除扶贫的坚冰

“全面建成小康社会，最艰巨最繁重的任务在农村，特别是在贫困地区”，习近平总书记的重要论断深刻揭示出扶贫工作对于全面建成小康社会的重要意义。党中央、国务院日前制定出台了《关于创新机制扎实推进农村扶贫开发工作的意见》，从战略和全局出发，把扶贫工作摆到了更加突出的位置。

当前，扶贫开发已进入深水区，全国扶贫对象容易脱贫的大都实现了脱贫，剩下的都是“硬骨头”。这些地方大多生态环境脆弱，生存条件恶劣，自然灾害频发，人口受教育程度低，基础设施和社会事业严重滞后，贫困问题呈现区域性、综合性的特征，扶贫开发任务艰巨繁重，常规手段往往效果有限，这就必然要求有一个顶层设计、行动指南，才能避免“按下葫芦浮起瓢”。

迎接挑战，最根本的是改革创新。《意见》的核心内容是改进贫困县考核机制、建立精准扶贫机制、健全干部驻村帮扶机制、改革财政专项扶贫资金管理机制、完善金融服务机制、创新社会参与机制，以及村级道路畅通、饮水安全、农村电力保障、危房改造、特色产业增收、乡村旅游扶贫、教育扶贫、卫生和计划生育、文化建设、贫困村信息化。这些是扶贫攻坚的重点，也是难点，更是着力点。创新扶贫机制，就是要抓重点、解难点、把握着力点，全面提高扶贫开发的能力和效率。

《意见》是扶贫开发认识上的一次重大进展。习近平总书记强调，“消除贫困、改善民生、实现共同富裕，是社会主义的本质要求。”“没有农村的小康，特别是没有贫困地区的小康，就没有全面建成小康社会。”这些重要论述，把扶贫开发作为关乎我们党和国家政治方向、根本制度和发展道路的大事，作为全面建成小康社会的关键，提升到了新的战略高度，置于我国现代化建设的重要位置。

《意见》是扶贫开发机制的重大突破。体制机制具有根本性、基础性、长远性。只有建立、完善并运用好新体制、新机制，才能使国家意志转化为各方面实实在在的行动，从而不断提升扶贫开发效果。比如考核，往往是上面考核什么，下面就集中精力干什么。长期以来，贫困地区和其他地区一样，政绩考核偏重于 GDP，导致这些地方把工作重心放在招商引资、做大 GDP 上。如果不改革这种考核机制，扶贫开发“县抓落实”就会停留在口号上。又比如“瞄准”，只有实施精准扶贫方略，切实摸清谁是贫困人口、贫困程度如何、为何贫困、怎样脱贫、谁来帮扶，然后逐户建档立卡，因户施策，做到精准化识别、针对性扶持、动态化管理，才能解决底数不清、情况不明、指向不准、针对性不强这些长期困扰扶贫开发工作的老大难问题。实施新机制，就是完善和建立相应的激励、约束、考核、瞄准机制。

《意见》是中国特色扶贫开发道路的丰富拓展。扶贫开发是关乎战略和全局的大事，需要全党动手、全国动员、全社会参与。《意见》从 6 种工作机制的创新、10 项重点问题的解决，到确保各项措施落到实处的具体要求，集中体现了举全党全社会之力推进扶贫开发，实行最广泛的社会动员，形成有利于贫困地区和扶贫对象加快发展的扶贫战略和政策体系，从而更加有效地动员社会力量参与扶贫开发，完善专项扶贫、行业扶贫、社会扶贫“三位一体”的大扶贫格局，在全国范围内配置好扶贫资源。充分运用扶贫开发的新机制和新成果，必将彰显中国特色扶贫开发道路的可行性和优越性。

新阶段扶贫开发攻坚战已经打响。“善战者，求之于势”。乘势而上，向着扶贫深水区进发，每一步都离不开创新的精神。扶贫攻坚路，悠悠中国梦。让我们满怀信心投身全面深化改革的时代洪流，以创新鼓起梦想的风帆，谱写我国扶贫开发的新篇章！

15 破除农民工欠薪顽疾考量世道人心
——聚焦中国农民工工资拖欠

破除拖欠农民工工资这一顽疾，维护好广大农民工的合法权益，是彰显社会公平正义的应有之义，更是各级政府应切实担起的责任。能否解决好这一问题，可以说在考量一个社会的世道人心。各级政府部门需要拿出决心、勇气，强化执行力，踏踏实实将已有的规章制度落到实处，这样欠薪“恶虎”迟早会被关到制度笼子里，农民工也终将不再为讨薪发愁。

一道讨薪题　十年难解开

——聚焦中国农民工工资拖欠

2014 年新年伊始，在甘肃省兰州市，6 名农民工爬上一幢大楼后要跳楼。原因是公司拖欠他们工钱，讨要 5 个月未果。

为了带上血汗钱回家过年，一些农民工不惜“以命讨薪”。十年治欠薪，尽管农民工工资拖欠问题总体上得到遏制，但高发、多发的态势没有得到根本性改变；建筑业欠薪仍突出，且向制造业蔓延；民营企业欠薪未减，政府项目也日渐增加……

从原本简单的劳资纠纷，演变放大为社会焦点，欠薪与讨薪，似已成为年终岁尾挥之不去的话题。治理欠薪的考题为何如此难解？

问题描述：

为了带上血汗钱回家过年，一些农民工不惜“以命讨薪”。十年治欠薪，尽管农民工工资拖欠问题总体上得到遏制，但高发、多发的态势没有得到根本性改变；建筑业欠薪仍突出，且向制造业蔓延；民营企业欠薪未减，政府项目也日渐增加……

治理欠薪，十年有何进展？

以重庆农妇熊德明向总理求助讨薪为标志，我国从2003年底掀起了清理欠薪风暴。2004年政府工作报告提出，用三年时间基本解决建设领域拖欠工程款和农民工工资问题。

一组数字反映出中国政府治理欠薪的决心与力度。

《2004年中国人权事业的进展》白皮书披露，截至2004年底，全国已偿还建筑领域历年拖欠的农民工工资332亿元。

据人力资源和社会保障部统计，2011年，人社部门责令用人单位为533.5万名劳动者补发工资等待遇155.1亿元；2012年，全国各级劳动保障监察机构为622.5万劳动者追发工资等待遇200.8亿元；2013年前11个月，追发工资等待遇223亿元。

东北财经大学教授肖兴志说，如果说逐年增加的数字，反映出治理欠薪的成效；那么“欠薪入罪”则彰显了国家对这一问题“零容忍”的态度。

2011年，刑法修正案（八）将“恶意欠薪”正式列罪。

2013年最高人民法院发布司法解释，进一步明确了“恶意欠薪”刑事案件的法律适用标准。

2013年前三季度，全国各级劳动保障监察机构共向公安机关移送涉嫌拒不支付劳动报酬罪案件2039件，公安机关立案1423件。

“‘欠薪入罪’打击了拒不支付劳动报酬犯罪行为，取得了一定成效。”人社部劳动监察局局长闫宝卿说。

随着“欠薪入罪”威慑作用的发挥，以及设立“欠薪应急周转金”“欠薪保障基金”等一揽子措施的实行，欠薪问题得到了一定控制。

“中国式欠薪”，谁是祸首?

“经过多年治理整顿以及法律体系建设，农民工工资拖欠问题总体上得到遏制，但形势仍然严峻。”闫宝卿坦言，治理欠薪的任务还很艰巨。

——高发、多发的态势没有得到根本性改变。2013年前三季度，全国各级劳动保障监察机构共办理拖欠工资等待遇案件17.4万件；2012年共查处欠薪案件21.8万件。

——建筑业欠薪仍突出，向制造业蔓延。拖欠农民工工资问题仍

讨“辛” 新华社发 谢正军 作

主要发生在工程建设领域。同时，劳动密集型加工制造、餐饮服务等行业的企业特别是中小企业拖欠工资问题明显增多。

——民营企业欠薪未减，政府项目也有欠薪。沈阳于洪区房地产项目“民亿苹果树”项目拖欠农民工工资160多万元，导致农民工多次上访；重庆市黔江区正阳中学项目，由施工企业垫资建设，但企业资金周转困难无力垫支，导致民工工资被拖欠，涉及民工约300人，工资达800万元。

——欠薪讨薪与经济纠纷交织。一些企业主利用解决拖欠工资问题解决经济纠纷，以讨要工资名义追讨工程款，甚至无法达成协议就故意拖欠农民工工资，以造成社会影响，逼迫发包方就范等。

采访中记者了解到，一个项目从甲方到乙方，再到大包、“二包”直至最底层的农民工，农民工处于金字塔的最底层，也是整个利益链条的末梢。中间任何一个链条出了问题，农民工都可能会是最受伤的群体。

据业内人士介绍，建设工程项目一般按照工程进度结算工程款，许多建筑施工企业只是按月发给农民工一定的生活费，工资到年底或工程完工时集中结算，并非依法按月足额发放工资，一旦建设单位与施工单位发生经济纠纷，农民工往往“躺着中枪”。

人社部副部长邱小平说，这实际上是将经营风险转嫁给劳动者。如果按照这一逻辑，那么所有制造业企业都能以产品没有卖出或者货款没有收回等为由不按月发放工资。

“施工单位出现的拖欠工资问题，多数是经济承包纠纷与劳动纠纷交织在一起，形成了很长的债务链，增加了解决欠薪的困难。”邱小平说，“只有打破这样的‘规则’，让经营风险与劳动债权分离，才能更好地解决欠薪问题。”

直面“讨薪难”，干部作风的“试金石”

跑断腿、门难进、钱难要，维权难度大、维权成本高，让农民工讨薪路上常常寒心。

中央党校教授周天勇等专家认为，治理欠薪，从中央到地方已经出台了一系列政策措施，许多城市还建立了农民工维权中心，治理这一顽症关键在于“落实”二字。

湖北籍农民工安国明在沈阳市于洪区多次讨薪未果，他的遭遇经新华社报道后，政府部门迅速召集开发商和建筑商协调，并很快拿出解决方案。一个星期后，安国明拿到了15万元的工钱。拿到钱，安国明感到很心酸。“去了区农民工维权中心七八次，不如媒体报一次。”他说，“我们感觉不是政府管不了欠薪，而是有没有把农民工的事放在心上办。”

“这就是工作作风实不实的问题。”辽宁社会科学院研究员张思宁说，中央开

专家观点：

治理欠薪，从中央到地方已经出台了一系列政策措施，许多城市还建立了农民工维权中心，治理这一顽症关键在于“落实”二字。

——中央党校教授周天勇

将欠薪和讨薪问题纳入政府考核目标；同时，整合各职能部门资源，统一应诉渠道，形成各相关部门齐抓共管的“首诉负责制”格局，以刚性措施严格执法，从根子上解决欠薪难题。

——中国社科院世界社会保障中心主任郑秉文

展群众路线教育实践活动，并着力纠正“四风”；对于欠薪问题管不管、怎么管，对有关部门来说是一块很好的试金石。

此外，1994年颁布实施的劳动法规定：工资应当以货币形式按月支付给劳动者本人。这部法律实施已近20年，但一些条款在建筑工程等领域仍很难落地操作。

邱小平认为，严格依法按月足额支付劳动者工资，是避免发生农民工工资大规模、集中拖欠的制度保证。

目前，上海、北京等地已要求建筑企业劳务费结算实行月结月清制度，每月支付额不低于本市最低工资标准。这样，“包工头”给农民工每月发一两百元生活费，年底再结算的“年薪制”被终结。

许多农民工还呼吁，要提高欠薪者的违法成本，让讨薪不再“越讨越亏”。

在沈阳打工的农民工游鹏和11名工友讨回了被拖欠的1万元工资，但算来算去还是亏了。他说，讨薪耽误了工时加起是44天，按大工（9人）每天200元，小工（3人）每天100元计算，损失了7900元。车费生活费每天15元，又没了660元。1万元工钱，实际上到手的只有1440元。

针对农民工讨薪维权被推来推去的现象，中国社科院世界社会保障中心主任郑秉文等专家建议，将欠薪和讨薪问题纳入政府考核目标；同时，整合各职能部门资源，统一应诉渠道，形成各相关部门齐抓共管的“首诉负责制”格局，以刚性措施严格执法，从根子上解决欠薪难题。

破除农民工欠薪顽疾考量世道人心

2014年1月5日，人力资源和社会保障部的消息证实，全国农民工欠薪案件数量仍处高位，欠薪领域除“重灾区”工程建设项目外，还在向加工制造等行业蔓延。这意味着破解欠薪顽疾仍然任重而道远。

必须承认，近年来各级政府在解决拖欠农民工工资问题上做了不少工作，但欠薪现象年复一年不断上演，关键在于监管惩处的“拳头”不硬、力度不够。以号称“史上最严”打击欠薪的“欠薪入罪”为例，实施两年多来，有的省份因恶意欠薪定罪判刑的案例仅两三例，很难形成有效威慑。

破除拖欠农民工工资这一顽疾，维护好广大农民工的合法权益，是彰显社会公平正义的应有之义，更是各级政府应切实担起的责任。能否解决好这一问题，可以说在考量一个社会的世道人心。当前，在千方百计保证农民工尽早拿到工资的同时，还必须着眼长远，完善监管，从根本上铲除违法拖欠行为的土壤。

> **新华社评论：**
>
> 破除拖欠农民工工资这一顽疾，维护好广大农民工的合法权益，是彰显社会公平正义的应有之义，更是各级政府应切实担起的责任。能否解决好这一问题，可以说在考量一个社会的世道人心。

应强化劳动部门和各行业主管部门的监管力度，把对农民工工资支付情况的监督、检查日常化；进一步完善“欠薪入罪”操作细则，破除案件移送障碍，对以身试法、恶意欠薪的企业和个人依法从重惩处；对一些政府工程项目的欠薪行为，尤其要加大查处力度，并追究相关负责人的责任。

根治欠薪难题还须正本清源。对欠薪严重的工程建设领域，行业主管部门应摸清、斩断侵害农民工利益的恶性循环链；切实规范工程承包、劳动用工等行为；建立健全农民工工资保证金制度、工资卡按月支付制度，确保农民工工资权益得到常态化的有效保护。

治理工资拖欠的法律依据有哪些?

依法治理工资拖欠，保障农民工等广大劳动者的合法权益，是政府和社会的共同责任。记者对我国关于工资支付的法律、法规进行了梳理，并就此采访了中国劳动学会副会长苏海南等专家。

劳动法第三条规定，劳动者享有平等就业和选择职业的权利、取得劳动报酬的权利；第五十条规定，工资应当以货币形式按月支付给劳动者本人，不得克扣或者无故拖欠劳动者工资；第九十一条规定，用人单位克扣或者无故拖欠劳动者工资的，由劳动行政部门责令支付劳动者的工资报酬、经济补偿，并可以责令支付赔偿金。

劳动合同法第三十条规定，用人单位应当按照劳动合同约定和国家规定，向劳动者及时足额支付劳动报酬。用人单位拖欠或者未足额支付劳动报酬的，劳动者可以依法向当地人民法院申请支付令，人民法院应当依法发出支付令；第八十五条规定，用人单位未按照劳动合同的约定或者国家规定及时足额支付劳动者劳动报酬的，由劳动行政部门责令限期支付劳动报酬、加班费或者经济补偿；逾期不支付的，责令用人单位按应付金额百分之五十以上百分之一百以下的标准向劳动者加付赔偿金。

对拖欠工资行为最严厉的处罚体现在刑法修正案（八），修正后的刑法第二百七十六条规定，以转移财产、逃匿等方法逃避支付劳动者的劳动报酬或者有能力支付而不支付劳动者的劳动报酬，数额较大，经政府有关部门责令支付仍不支付的，处三年以下有期徒刑或者拘役，并处或者单处罚金；造成严重后果的，处三年以上七年以下有期徒刑，并处罚金。

2013 年初，最高人民法院发布了《关于审理拒不支付劳动报酬刑事案件适用法律若干问题的解释》，针对拒不支付劳动报酬罪所涉及的术语界定、定罪量刑标准、单位犯罪等问题，进一步明确了相关刑事案件的法律适用标准。

苏海南等专家表示，鉴于目前工资权利纠纷多发、工资拖欠形势严峻，我国工资支付保障专门法律建设有待加强。目前我国唯一对工资支付作出专门规定的是 1994 年劳动部颁布的工资支付暂行规定，但这一部门规章层次较低、效力较弱，已不适应当前形势需要。有鉴于此，有关部门目前正在争取尽早制定、出台以国务院名义颁布的工资支付保障条例，加强对各领域工资发放的保障和规范，加大对拖欠工资行为的行政处罚

2014年1月11日，农民工钟弼桂（左二）在江西省高安市工业园区的一个建筑工地上点算领到的工资。当日，江西省高安市工业园区的一个建筑工地上，125名农民工领到了由主管部门垫付的140万元工钱。(新华社记者宋振平　摄)

力度。

另一方面，对于推进法律落实、治理工资拖欠中的一些薄弱环节，也有待加强。比如，在贯彻落实“欠薪入罪”的过程中，具体操作实施细节仍有待进一步完善，劳动法规与刑法衔接、部门间案件移送效率等，仍有待进一步优化。同时，在人社部门加强对拖欠工资行为监管、打击的同时，各行业主管部门也要切实担负起责任，充分发挥行业监管优势，形成打击欠薪的强大合力。

治理“中国式欠薪”：风暴之外更需制度落实

针对拖欠农民工工资的现象，相关法规一部部出台，专项整治也一次次开展，难题却始终没有彻底解决，这不禁令人深思，问题到底出在什么地方？

分析刚刚发生在郑州的一则农民工讨薪案例，或许能厘清一些症结所在。2014 年 1 月 2 日，郑州百余农民工集体下跪讨薪。从去年 9 月至今，他们找开发商，找建筑商，找政府部门，可谓想尽了办法，却依然两手空空。

在这个纠纷链条上，开发商不给建筑商钱，建筑商就和农民工“躲猫猫”，劳动监察部门介入 3 个多月，却连建筑商和开发商的人都没见到几回，最终逼得农民工一步步走上下跪讨薪的屈辱之路。

讽刺的是，这些农民工讨薪期间，适逢郑州市建委下发通知，要求做好 2014 年元旦、春节期间建筑领域工程款和农民工工资支付工作，通知措辞严厉，称企业恶意拖欠农民工工资，轻则计入不良行为公示系统，重则被吊销资质证书、清出建筑市场。记者采访时看到，有工作人员将这则通知发给讨薪农民工，但农民工大多粗略一看就随手丢弃一旁。

不怪农民工持这种态度。实际上，事前、事中和事后，各地都有一套制度来预防欠薪。比如，建筑企业事先要缴纳工资支付保证金；对农民工工资必须按月支付，不能等年底集中结算；恶意欠薪入罪；将欠薪企业列入黑名单等。不过，令人失望的是，很多情况下这些制度在地方没有起到应有的作用。

定制度、出规章、发通知、搞督查，是各级政府解决欠薪问题惯用的手法，然而，面对讨薪农民工无助的面孔，我们应该替他们问问，这些制度到底有多少得到了切实执行？这些规章到底有多少落到了实处？这些通知到底有多少真正走出了“衙门”？这些专项督查活动之外的平时，相关职能部门到底又做了些什么呢？

给“票子”　　新华社发 朱慧卿 作

客观地说，在治理欠薪方面，从中央到地方都出台了一系列政策措施，不可谓不重视。而“顽疾”之所以迟迟未解，落实不力、执法不严恐怕是一个重要原因。许多地方职能部门面对欠薪问题，少见主动干预、积极作为，往往以“不是我们不作为，只是企业太狡猾”为由搪塞前来求助的农民工，致使许多农民工失去信心。

还有一些地方将清理欠薪当成应景式、运动式的工作，只在临近春节搞得轰轰烈烈，将替农民工讨薪多少当作政绩加以炫耀。

治理欠薪十几年，制度的笼子实际上早已经造好，关键在于，如何让制度的笼子真正发挥作用。各级政府部门需要拿出决心、勇气，强化执行力，踏踏实实将已有的规章制度落到实处，这样欠薪“恶虎”迟早会被关到制度笼子里，农民工也终将不再为讨薪发愁。

16 垃圾短信缘何越整治越泛滥
——聚焦如何斩断“垃圾短信”黑手

不请自来、明显带有广告甚至诈骗内容的垃圾短信，令人不胜其扰，垃圾短信已成为威胁公众个人信息安全的重灾区，根除垃圾短信泛滥，要靠运营商严格自律，同时，要建立健全相关的法律法规，做到有法可依、执法必严，形成相关监管部门齐抓共管、持之以恒的治理局面。

垃圾短信乱象扫描

“需要贷款吗”、“您中大奖了”……不请自来、明显带有广告甚至诈骗内容的垃圾短信，令人不胜其扰，垃圾短信已成为威胁公众个人信息安全的重灾区，呈现出种种乱象。

> **垃圾短信三大乱象：**
>
> 乱象一：内容五花八门，传播泛滥成灾。
>
> 乱象二：花样不断翻新，拦截过滤难防。
>
> 乱象三：技术升级换代，治理独木难支。

乱象一：内容五花八门，传播泛滥成灾。腾讯移动安全实验室发布的《2013 上半年手机安全报告》显示，腾讯手机管家今年上半年受理用户主动举报的垃圾骚扰短信就达 3.56 亿条，大大超过去年全年用户总举报数的 3.06 亿条，其中广告类占 93.47%，违法宣传类占 3.04%，诈骗类占 2.02%。

而 360 手机卫士近期发布的《2013 年第三季度手机安全状况报告》则列出了十大垃圾短信类型，包括地产广告、打折促销、冒充身份、虚假中奖、色情服务、推销违禁品、非法博彩、医疗广告、办证发票和教育移民广告，其中地产广告占三成以上，排名首位，成为“垃圾短信之王”。

乱象二：花样不断翻新，拦截过滤难防。所谓“道高一尺，魔高一丈”，随着有关部门对垃圾短信的治理工作不断推进，垃圾短信的花样也不断翻新。比如，用同音字、繁体字和符号等规避拦截；短信群发器插入多张手机卡，每张卡一小时低频次少量群发等。由于违规发送的短信隐蔽性强，发送内容和频次多变，给技术上精确防范带来难度。

乱象三：技术升级换代，治理独木难支。随着技术手段的升级，如今垃圾短信的发送也越来越有“技术含量”。据业内人士介绍，目前一种假“基站”技术可自由设定发送端的号码，包括 10086、13800138000、银行号码等，向在以该设备为中心的 3 公里内推送短信，发送商业广告或诈骗信息。由于不法分子往往使用车载等流动性和隐蔽性较强的方式开展行动，给发现和查处此类不法行为带来较大难度。

那么，如何防范垃圾短信？专家建议，公众首先要注意保护个人信息，在租房买房登记、网上购物登记等需要填写手机号等资料时，可以使用临时号，以免手机号码外泄。同时，可以通过安装手机安全软件或将一些频繁骚扰的号码设置为黑名单等方式，拦截部分骚扰电话和垃圾短信。

垃圾短信缘何越整治越泛滥?

“垃圾短信的骚扰如影随形，到底有治没治?”许多市民对垃圾短信随意传播，泛滥成灾的现状表达了不满，工信部、三大电信运营商也曾多次表示，严厉打击和防范垃圾短信。然而，新华社记者调查发现，整治近10年来，垃圾短信却越打击越泛滥，似乎又成一令人困惑的“社会顽疾”。

垃圾短信泛滥成灾，用户半年举报三亿多条

“您有可疑包裹被查扣，请来电咨询!”“出售各类发票，承诺假一赔十。”“中秋临近，家电促销火热上演，多款知名品牌三折起售!”……各种垃圾短信令市民不胜其扰。“几乎每天都能收到五六条各种垃圾短信，理财产品促销的、卖房卖车的、医疗广告的，许多信息甚至是虚假的，烦透了!”海口市民顾志斌说。

事实上，从本世纪初手机在我国实现普及开始，垃圾短信问题一直困扰着用户。为此，工信部多次发文，开展垃圾短信整治，移动、联通、电信三大运营商也曾签署治理协议，专项

整治垃圾短信。然而，垃圾短信不仅没有得到有效治理，反而愈演愈烈，更加频繁地出现在人们的手机屏幕上。

腾讯移动安全实验室此前发布的《2013 年上半年手机安全报告》显示，腾讯手机管家今年上半年受理用户主动举报垃圾骚扰短信达到 3.56 亿条，已大大超过去年全年用户总举报数的 3.06 亿条，其中广告类占 93.47%，违法宣传类占 3.04%，诈骗类占 2.02%。

专家观点：

应该借鉴一些国家的做法，建立一个不允许发送垃圾短信的“红名单”制度，若公众将自己的电话号码放进红名单，就说明其不愿意接受广告，要对其提供保护。

——中国社科院法学所研究员周汉华

对于频繁被推送的垃圾短信，移动、电信、联通三大运营商的客服人员向记者表示，确实存在垃圾短信随意发送到客户手机的情况，除了客户举报，设置黑名单之外，再无其他更好的办法。中国电信海南分公司甚至还发短信给记者：“您收到的垃圾短信，建议您不用去理他！”

垃圾短信不仅让人倍感骚扰，更给违法犯罪留下了空间。腾讯移动安全实验室发布的报告显示，高利贷、发票销售、学历买卖、走私货物类位列违法信息前四位，在诈骗类垃圾短信中，主要包括中奖钓鱼、假冒亲友房东转账、手机窃听监控、冒充通知等四大类。

另外，垃圾短信的发送也越来越有技术含量，令人防不胜防。一些业内人士介绍，目前一种假“基站”技术可自由设定发送端的号码，向在以该设备为中心的 3 公里内推送短信。“制作伪基站的零件在电子元器件市场都有出售，只要懂技术就可以组装，成本几千元左右。”

四大利益链难斩断，运营商是幕后“推手”？

“电话号码怎么会被商家知道？”“为什么垃圾短信会顺利发送到手机上？”……用户在收到垃圾短信之后经常会发出这样的疑问。事实上，据记者了解，垃圾短信背后是一条庞大的产业利益链。

链条一：搜罗各种个人手机信息，将信息贩卖给有需要的商家或业务员。“获取和贩卖个人信息成本低、市场需求大，已经形成一定规模的个人信息交易市场。”海口市公安局一位经侦民警说，一些有机会接触、掌握大量个人信息的网络工作人员，将个人信息出售获利，形成庞大的交易市场。

链条二：专门为短信群发者提供“电话卡”的销售渠道。据记者了解，市场上专门有供货商，提供一些账户余额不多、但仍可以透支的在网签约用户号码，或者购置一些具有特别优惠的短信套餐的预付费号码，专门用于群发短信。

链条三：短信群发公司，几个人、几台电脑、能制造海量垃圾短信。百度关于“短信群发”的搜索，排在结果前几位的都是一些提供短信群发服务的公司。一家短信群发公司甚至宣称，收费依据短信数量多少而不同，1 万条起步，条数越多，单价越低，到达率在 95％以上。

链条四：部分房地产中介、销售商是垃圾短信的主要“用户”。腾讯移动安全实验室此前发布的报告称，上半年各类商场、电商促销价格战不断，房地产垃圾短信持续来袭，这些因素共同推高了广告类垃圾短信的比例和涨幅。

“垃圾短信愈演愈烈的背后有一个短信群发行业在支撑。”在业内人士看来，垃圾短信难以根除并非是技术问题，而是利益驱动，电信运营商在这些利益链条上也是受益者。

海南一家电信公司的技术人员透露说，发送短信要向运营商支付服务费，即使每条短信按 0.03 元计算，例如每次发送 10 万条，运营商收益会高达 3000 元。一些公司通过投放广告、业务定制等方式所获得的利润还会与运营商分成。

“综合立法”能否走出垃圾短信困局?

工信部日前发布《电信和互联网用户个人信息保护规定》和《电话用户真实身份信息登记规定》。在业内人士看来，这两部法规有利于推动垃圾短信治理，但仍需要制定配套的政策和实施细则，督促法规实施落到实处。

如何治理垃圾短信这一社会顽疾？一方面要形成齐抓共管的多效管理格局。有专家表示，监管部门应明确对于垃圾短信的投诉和惩罚机制；运营商应强化对垃圾短信甄别拦截；用户则需及时投诉；工商、公安等其他部门也要予以积极配合，形成良好的治理氛围。

另一方面，法律效力不够，相关规定不全面的问题需完善，海南中邦律师事务所律师张孝民说，运营商保护用户信息安全与隐私的“义务”或者“责任”缺乏明确的法律规定，对于垃圾短信的界定不明确，个人隐私的保护尚不健全，这些方面都需要完善。

中国政法大学教授符启林提出“综合立法”的概念。例如在广告法中进一步明确对广告的定义、类广告信息的发布、散布垃圾信息的认定等问题的规定，增加垃圾短信惩治内容；在个人隐私保护法中进一步明确公民在电信服务中应享有的权利等。

同时，加大监管和打击力度是有效遏制垃圾短信的途径之一。新加坡违法发送垃圾信息的机构或个人可能会被重罚100万新元（约合514万元人民币）。海南省公共关系协会副会长代红说，垃圾短信的治理应避免“一阵风、走过场”，应深挖倒查，切实加大处罚力度，提高违法违规成本。

斩断垃圾短信背后的利益链条

垃圾短信治理了多年，却陷入治而不绝、越治越乱的怪圈，究其原因，是垃圾短信背后的利益链条难以打破。

垃圾短信汹涌泛滥，有人专门搜罗个人手机号码，并贩卖给各类商家；有人专门提供销售用于发送短信的电话卡；有专业公司替人群发短信，收取代理费；有商家、中介专门制作广告类垃圾短信。当然，少不了从中坐收渔利的电信运营商。

这条利益链条上，最核心的显然是电信运营商。“要想从此过，留下买路钱。”发一条信息，就收一份钱。一些运营商除了收取信息发送费，甚至与商家勾结参与利润分成，哪管赚的这钱是黑是白，哪管垃圾短信让公众不堪其扰。

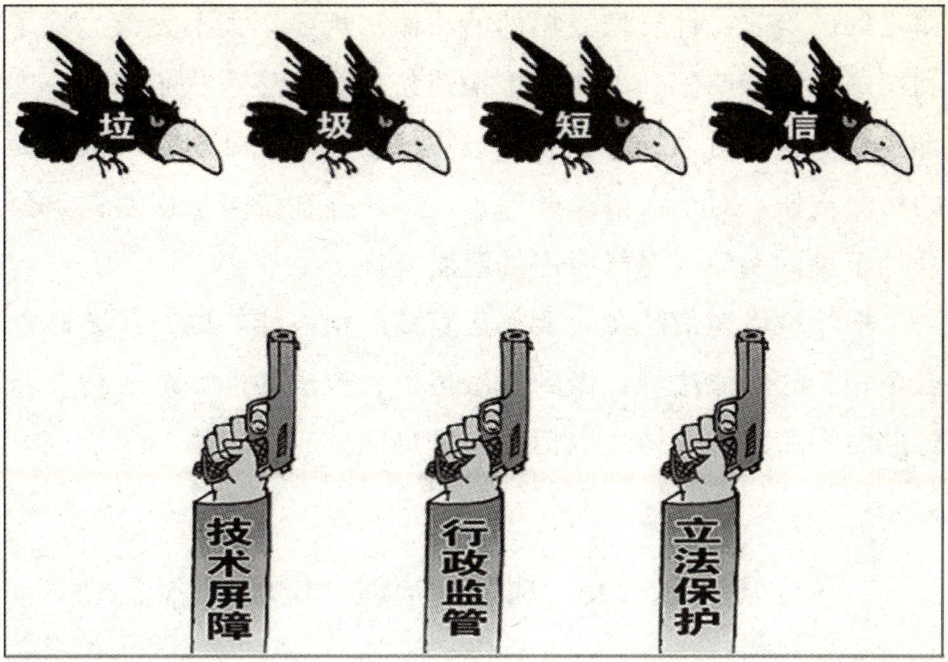

联合行动　　新华社发　蒋跃新　作

这些年来，有关政府职能部门和移动、联通、电信三大运营商发动过多次垃圾短信治理行动，但往往都成了一阵风。关键就是垃圾短信利益链难以撼动，最大的阻力，无疑是运营商难以“割自己的肉”。一些运营商摆出一副很冤枉的样子，说什么“拦截技术跟不上”“实在没有好办法”，这些说辞，估计连他们自己都不信。

作为运营商，应该承担基本的社会责任。首先，不能明知故犯，暗地里和一些商家勾结，大发黑心财。同时，要主动研制新技术、采取新手段，从发送、传输等环节全面封堵垃圾短信。关键就看想不想真做。

当然，仅仅指望运营商自律显然是不够的，还必须高悬法律之剑。当前，针对垃圾短信的法律法规显然很不完善。除了利用短信进行欺骗、敲诈、推销违禁品等明显违法犯罪由公安部门介入外，对大量广告类垃圾短信的界定、处罚，对运营商的法律责任，对个人信息的保护，都还存在诸多法律空白，公众处于投诉无门、忍气吞声的尴尬境地。

根除垃圾短信泛滥，要靠运营商严格自律，同时，要建立健全相关的法律法规，做到有法可依、执法必严，形成相关监管部门齐抓共管、持之以恒的治理局面。

专家建言三大“利器”治理“垃圾短信”

对于困扰公众的“垃圾短信”顽疾，专家建议从筑牢技术屏障、加强行政监管、完善立法保护三个方面综合治理，对“垃圾短信”展开“立体作战”。

技术屏障

可以说，“垃圾短信”问题因技术进步而生，并不断与治理者之间上演着“魔高一尺，道高一丈”式的较量。

“垃圾短信的发送者，尤其是诈骗类短信的发送者，不仅逐步掌握先进技术，而且会针对各类拦截软件的漏洞进行演化。”北京地区网站联合辟谣平台发布《2013 上半年垃圾短信报告》的主要撰写人任斌告诉记者。

从短信群发器，到利用运营商推行的集团客户短信群发业务，再到不需经过基础电信网络的“伪基站”……“这些原本应该为用户带来便捷的技术，因为掌握在不法分子手中，反而给社会造成危害。”任斌说。

北京市通信管理局信息安全处副处长朱文君表示，当前，治理“垃圾短信”过程中，“伪基站”问题日益突出。“其可以不经过基础电信网络发送，并伪造端口或伪造手机号码，在人流、车流密集的地方就可以实现发送。”朱文君说，“调查、取证、打击都很困难。”

此外，专家介绍，很多“垃圾短信”的发送者采用加入干扰字符、采用竖型排版、低频发送等方式，逃避有关部门和运营商的治理和监管。比如，有的垃圾短信插入很多特殊符号、谐音字或繁体字，而将广告信息等隐匿其中。

任斌认为，目前从技术上治理“垃圾短信”主要有两种渠道，一是三大运营商建立的用户举报、投诉和处理机制，通过对关键词的分析过滤，在中心服务器对垃圾短信进行拦截，对于经核实确为垃圾短信发送号码，加入黑名单，关停处理。

工业和信息化部通信发展司副司长祝军介绍，2013 年 1 至 9 月，全国就累计处理了违规短信群发端口 5 万余件次，处理违规个人号码 4.3 万余件次，12321 举报中心共收到垃圾短信投诉 17.3 万余件次，同比下降了 34.2%。

“技术治理‘垃圾短信’的另一种方法是公司或机构研发的工具产品，如‘搜狗号码通’、‘腾讯手机管家’、‘360 手机卫士’等，这些产品从手机客户端入手，利用大数据分析的方式，对垃圾短信进行拦截。”任斌说。

任斌表示，希望通过电信运营商、工具开发商的长期持续收集、分析并分享垃圾短信生产和传播规律，创造出对抗垃圾短信的更有力武器。

此外，中国社科院法学所研究员周汉华还提出，应该借鉴一些国家的做法，建立一个不允许发送垃圾短信的“红名单”制度，若公众将自己的电话号码放进红名单，就说明其不愿意接受广告，要对其提供保护。

“我们现在具备这样的技术，应该采用并推广。”周汉华说。

行政监管

“‘垃圾短信’是困扰相关部门很多年的顽症，多年来，我们一直不断治理，有成效，但还达不到让大家满意的要求。”祝军说，“目前我们也有很多相关的规定，但是落实起来有一定的难度。”

他山之石：

美国很早就认识到垃圾短信的危害，并制定了两部处理垃圾短信的法律，它们分别是1991年的《电话消费者保护法（TCPA）》和2003年的《控制非自愿色情和推销侵扰法（CAN－SPAM）》。这两部法律禁止向消费者发送有关商业产品、服务和广告推广的垃圾短信，除非用户已经同意接收这些信息，或这些信息被用于紧急目的。

不久前，有媒体对“‘垃圾短信’哪里来”的问题进行了调查和报道，报道指出，电信运营商“不仅为发送‘垃圾短信’提供便利，甚至还会为发短信的企业谋划对策，应付监管。”

周汉华表示，垃圾短信之所以泛滥，一个重要原因是存在巨大的商业利益，“三大运营商难辞其咎”。

“垃圾短信的利益链条很长，发送者、运营商、出卖个人信息的中间商等都能从中获得各自的利益，因此各个主体都对其乐此不疲，这是导致垃圾短信泛滥最主要的原因。”周汉华说。

此外，周汉华还认为，垃圾短信涉及的链条虽长，但我国在通信管理上只有中央一级和省一级，各级电信主管部门在治理上不同程度地存在人手不足、重视不够的问题，在一些地方对治理垃圾短信的执法甚至处于虚置状态。

专家强调，电信管理部门要加强管理，不能用“国有资产保值增值”为不履行职责开脱；同时，政府要切实扮演好监管与执法的角色；运营商则要培养长久经营的意识，不能只追求短期利益、饮鸩止渴。

祝军表示，工业和信息化部下一步将责成基础电信企业对短信发送端口等进行集中专项治理和整治，处理并曝光违规端口和企业，同时联合相关部门对“垃圾短信”的定义、利益链环节、广告类短信的合法性等进行研判，针对产业链各个环节深入治理。

公安部刑侦局有关负责人则表示，由于发送诈骗短信等行为已涉嫌电信诈骗，公安机关对于此类违法犯罪行为将继续保持高压态势，公众也要增强防范意识。

立法保护

专家认为，治理“垃圾短信”还应该进一步完善立法，加强对消费者和手机用户合法权益的保护。

周汉华说："去年底全国人大常委会通过了关于加强网络信息保护的决定，但是到目前还没有配套的法规，总体来说，打击'垃圾短信'的法律依据不足。"

周汉华同时指出，目前有关"垃圾短信"的取证很难、打官司的成本很高、胜诉很难，即使胜诉得到的赔偿也不够，公众维权存在困境，需要配套的政策作支持。

专家表示，现在主要的发达国家在这方面都有专门的法律，为不同主体明确行为规范，为受害人寻求法律救济提供相应依据，我国应该加快制定和出台反电子垃圾信息法。

此外，与"垃圾信息"密切相关的还有个人信息泄露问题。对此，专家长久以来也一直呼吁加强立法对个人信息进行保护。

今年两会期间，全国政协委员、华东师范大学国际金融研究所所长黄泽民就表示，个人信息本身所具有的巨大商业价值，使一些不法分子在利益驱动下，采取种种手段非法获取、买卖，并且形成了黑色产业链。

专家认为，当前，对个人信息的保护散见在众多规范性法律文件中，内容缺乏统一性，相互之间也缺乏衔接，对各种权利的界定并不明确，应该加快个人信息保护的立法进程，加大对违法行为的处罚力度，包括对滥用个人信息者如何制裁、由什么机构负责执法等。

“谢绝来电”助美国人拒收垃圾短信

“棒！约翰（Papa Johns）”是在美国比较受欢迎的比萨饼店，但在2012年，它却被一群愤怒的消费者告上法庭。一些顾客抱怨说，在订购“棒！约翰”的比萨饼后，手机响个不停，推销“棒！约翰”特价比萨饼的短信一个接一个，有时会在半夜收到十多条垃圾短信。这些顾客要求2.5亿美元的赔偿金，平均每条短信500美元。2013年5月，“棒！约翰”同意赔偿1650万美元的和解方案以了结官司。

在美国，像“棒！约翰”这样因垃圾短信而付出巨大代价的公司还有很多。比如，美国户外品牌Timberland在2008年也因为广告短信被消费者告上法庭，最终拿出700万美元与原告和解，平均每个接收短信的人能拿到150美元。

据统计，美国有2.5亿手机用户开通了短信业务。美国皮尤研究中心2012年一项调查表明，69％的美国手机用户曾收到不想要的垃圾短信，25％的手机用户每周都收到垃圾短信。

美国很早就认识到垃圾短信的危害，并制定了两部处理垃圾短信的法律，它们分别是1991年的《电话消费者保护法（TCPA）》和2003年的《控制非自愿色情和推销侵扰法（CAN－SPAM）》。这两部法律禁止向消费者发送有关商业产品、服务和广告推广的垃圾短信，除非用户已经同意接收这些信息，或这些信息被用于紧急目的。

美国政府津津乐道的一项反垃圾短信服务，是根据《电话消费者保护法》于2003年开通的全国性“谢绝来电（Do－Not－Call）”服务。在美国，座机与手机都可以在美国联邦贸易委员会的“谢绝来电”网站上免费登记注册。在被列入“谢绝来电”名单后，如果还有人给你的手机发送未事前同意的推广信息，就会被视为违法行为，可以向美国联邦贸易委员会申诉。

美国联邦贸易委员会表示，迄今已有超过2.2亿美国手机用户使用这项服务，是该机构“最获认可的保护消费者成就”之一。据统计，过去十年中，美国联邦贸易委员会已对违反的“谢绝来电”服务的公司与电话销售商采取了105次执法行动，总共课以1.18亿美元的民事罚款，另外还根据法庭命令收取了7.37亿美元罚款。

《控制非自愿色情和推销侵扰法》则主要针对向手机用户发送邮件信息，违者将可能为每条邮件支付多达250美元的罚款，对非故意违反者的处罚可达200万美元，而故意违反者的处罚可高达600万美元，情况严重的还将判处5年以下监禁。

尽管随着智能手机的兴起，手机短信业务的使用与收益在美国均呈下降趋势，但它仍是美国电信运营商利润的一大来源。这些运营商对垃圾短信数量激增的情况都感到担忧，纷纷推出反垃圾短信服务。

国外如何“打扫”垃圾短信

垃圾短信已是困扰国内手机用户多年的顽症，尽管相关部门的治理从未间断，但仍屡禁不止。面对国内上半年垃圾短信超过 2000 亿条的天文数字，不少手机用户不禁想问，国外如何“打扫”垃圾短信？他们有何高招妙招？

日本：手机实名限源头

在日本，手机管理也经历过由“非实名”到“实名制”的过渡。

过去，日本手机用户注册无须确认身份，只要充值就可使用，个人信息管理上的松懈为手机短信汇款诈骗、虚假拍卖以及诱拐等犯罪行为留下可乘之机。

2006 年 4 月，日本开始实施《手机非法利用防止法》，这部法律有效打击了相关犯罪行为。它规定用户不论从哪家手机运营商购买手机，都必须通过出示个人身份证来获得购买权，并且规定不得随意转让手机。一旦查证用户的登录信息为假，可处以罚款。

现在，日本国内手机和 SIM 卡实行捆绑销售，通信运营商不得单独出售裸机或 SIM 卡，如果要购买一部手机，就必须用身份证、驾驶证等有效证件实名注册。

这样一来，所有使用手机发送的信息都自动为实名发送。

由于实名制，发送垃圾短信很容易被找到源头。

韩国：多重限定堵渠道

韩国信息通信部规定，广告商在发布手机短信广告时，必须注明“广告”字样和发送者的单位及联系方式，商家在每天晚 9 时至第二天上午 8 时之间不得发送短信广告。

从 2010 年下半年开始，韩国电信运营商为新手机用户提供自动垃圾短信拦截服务，可将带有“贷款”、“代理”等词汇的短信归为垃圾短信而进行拦截。同时，为避免拦截过程中发生阻止接收有用短信等反面作用，电信公司会将被拦截的短信发送到客户的电子邮箱里。

2011 年，韩国政府修改《信息通信网法》，对垃圾短信问题作出相应规定。对未经用户同意发送电话广告和手机垃圾短信的行为，政府将处以最高约 2.8 万美元的罚款。

同时，韩国政府还提醒市民，在收到未经同意的电话广告和手机垃圾短信时，可通过电话和互联网向韩国非法垃圾邮件应对中心举报，从政府监管和用户维权两方面入手，根除垃圾短信。

英国：综合治理见成效

英国主要通过立法、成立专门监管机构、实行手机实名制来综合治理垃圾短信，并取得了一定成效。

英国 2003 年通过的《隐私与电子通信条例》规定，任何组织和个人在未经当事人事先允许的情况下，向其个人手机发送直接推销短信，属于违法行为。

同时，负责相关事务的专门机构——信息监管局有权要求电信运营商提供发送垃圾短信者的信息，并采取处罚措施。

与法国等国家设立短信举报号码类似，英国手机用户也可将垃圾短信通过某特定号码转发给运营商，后者会为用户屏蔽此短信发送者，避免再次受到骚扰。许多运营商内部还成立了专门业务部门处理此类举报，如“骚扰电话处置办公室”，帮助用户免受垃圾短信骚扰，并协助监管部门追查发送者。

此外，为加强监管此前无须注册、较难追踪的预付费电话用户，英国于 2008 年开始实行手机实名制。

后 记

本书是在新华社播发的系列稿件和评论的基础上编辑而成，是广大干部群众了解民生热点问题的重要参考读物，也是广大公务员考生提升申论能力的必要学习资料。为方便阅读，在尊重事实的前提下，我们对部分稿件的标题与正文作了必要的修改。

在本书付梓之际，特向以下作者致谢！他们是：徐博、徐扬、张桂林、李亚楠、邹伟、王思北、王研、周蕊、杨维汉、李鲲、李云路、孙亮全、陈炜伟、胡浩、夏晓、姚远、潘强、宓盈婷、崔静、史竞男、华春雨、赵超、李菲、顾瑞珍、郭鑫、程露、喻珮、刘石磊、王贤、付昊苏、翟永冠、张舵、张兴军、董峻、吴晶晶、余晓洁、张忠霞、华义、黄堃、白林、沈洋、凌军辉、秦亚洲、傅永涛、朱薇、吴晶、赵仁伟、林小春、张青、蓝建中、黄涵、刘菊花、陈菲、杜宇、叶锋、魏宗凯、叶超、张晓松、廖婷婷、徐海波、侯大伟、赵宇飞、强勇、乌梦达、陆文军、赵仁伟、姚友明、毛振华、吕诺、翁晔、覃星星、吉哲鹏、李伟、李亚红、陈刚、黄小希、廖君、郑天虹、仇逸、刘奕湛、隋笑飞、鹿永建、艾福梅、张卉、柯竞、尹丹、周凯、刘骏遥、刘良恒、董建国、何晨阳、齐中熙、刘羊旸、陈爱平、林晖、管建涛（排名不分先后）。

因编者水平有限，书中不当之处，敬请广大读者指正。